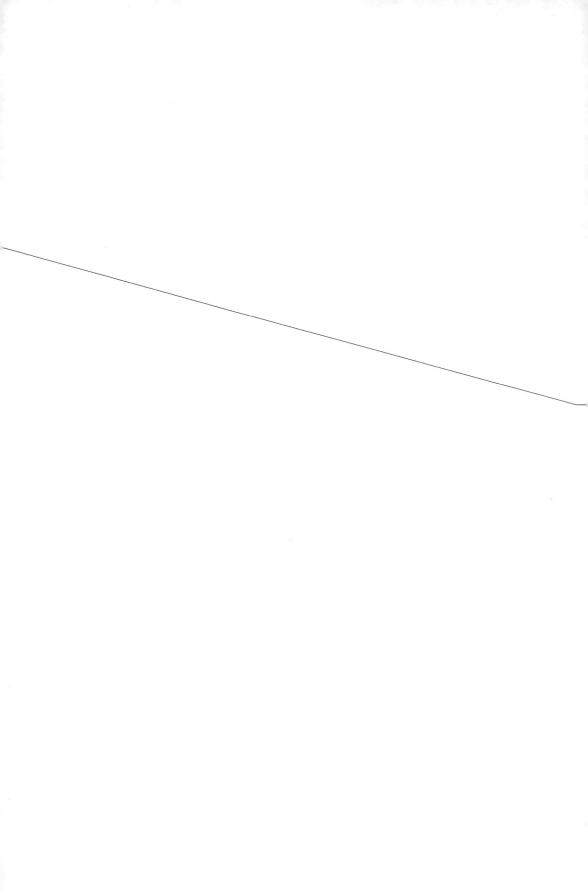

企业不摆官架子

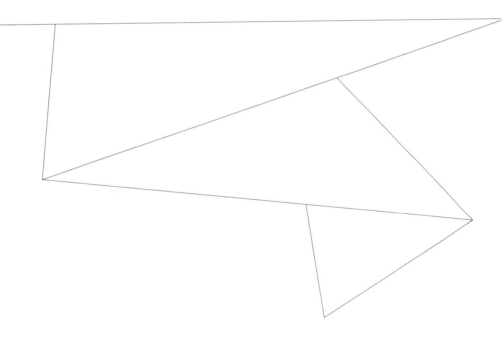

王黎明 著

QIYE
BUBAI
GUANJIAZI

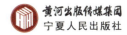
黄河出版传媒集团
宁夏人民出版社

图书在版编目(CIP)数据

企业不摆官架子 / 王黎明著.--银川:宁夏人民出版社,
2012.10

　　ISBN 978-7-227-05294-4

　　Ⅰ.①企…　Ⅱ.①王…　Ⅲ.①民营企业 — 企业管理 —
研究　Ⅳ.①F276.5

　　中国版本图书馆CIP数据核字(2012)第246984号

企业不摆官架子

王黎明　著

责任编辑　张　妤
封面设计　晨　皓
责任印制　张国祥

黄河出版传媒集团
宁夏人民出版社　出版发行

地　　址　银川市北京东路139号出版大厦(750001)
网　　址　http://www.yrpubm.com
网上书店　http://www.hh-book.com
电子信箱　renminshe@yrpubm.com
邮购电话　0951-5044614
经　　销　全国新华书店
印刷装订　宁夏飞马彩色印务有限公司

开本　720mm×980mm　1/16　　　印张　13.5　　　字数　130千
印刷委托书号　(宁)0012597　　　印数　5000册
版次　2012年11月第1版　　　印次　2012年11月第1次印刷
书号　ISBN 978-7-227-05294-4/F·373

定价　28.00元

前言

民营企业的架子

企业为社会所惑，国营企业为行政机关所惑，民营企业为国营企业所惑。民营企业的管理体制和机制，看上去更像一个好看不实惠的拼盘，机关的、国营的、家族的、个人的、民族的、国际的、洋的、土的成分都有一些。民营企业面对的诱惑多，困惑也很多，常常找不到自己的感觉，拿不定自己的主意，撑不起自己的架子。

这本书的主题是说企业不摆官架子，副题是说企业要搭建适合自己的组织架构，合起来想表达的意思就是说咱民营企业不要摆人家的"官架子"，要摆就摆自己的"民架子"吧。所谓的"官架子"，就是人家行政机关、国营企业那威风的架势；所说的"民架子"，就是咱民营企业的小模样，这是我自己很不规范的一种叫法。

"官架子"要的是面子，"民架子"要的是票子；"官架子"无过便是功，"民架子"无功就是过；"官架子"为了面子费票子，"民架子"有了票子不见得就有面子。面子票子搅在一起，我们很多民营企业家就跟着面子走，就不知不觉飘飘然照猫画虎地端起了"官架子"。随后的情景是，企业面子越来越大，资产规模数字越来越大，花钱出手越来越大，自己的生存余地却越来越小。

我观察研究民营企业的行政化、国营化的根子在于三个方面。

首先，过去没有民营企业这个体系，企业都是国营的，都是由上级行政部门归口管理的，企业管理实际上是机关行政化管理范围的延伸。改革开放以后，民营企业虽然有名有姓了，但在整个社会经济体系中还仅仅是个小兄弟，国营企业是当然的老大哥。尽管很多数据证明民营企业的成长优势大于国营企业，但市场如江湖，老大定规矩，多数民营小兄弟做得再好，也只能跟在大哥后面拎包端茶看眼色。

第二，民营企业的中层以上管理者多数来自行政机关、国营企业。过去民营企业底子薄，人才方面没有积累，很多得从国营企业里挖，机关里、国营企业中有很多不甘寂寞的人也愿意到民营企业闯一闯、试试水。供求关系建立起来后，一批批志士仁人便从机关、国营企业来到民营企业。人来了，基因随之而来。

第三，民营企业先天自身局限造成机关作风乘虚而入。老板的强势往往造成企业内部管理体系头重脚轻，上下不对等、不通气。下面员工对付上面最管用的武器就是来自机关的"国营制造"：不出错为上策，求有功就可能有过，求无功也无过。在扣分惩罚机制为主的企业里，有了功得不到全部奖励，有了过要承担过之过，算了吧，出工不出力最保险，挣工资混口饭吃。于是，展现在我们正面的常常是一幅和谐的景象：同事间越来越客气，下级对上级越来越尊重，废话假话越来越多，事情越拖越久，问题越垒越厚，效率越来越低。

我在近三十年的工作经历中，大致一半时间在行政机关工作，一半时间在国营和民营企业里工作，由此产生了强烈的对比感。我对行政机关及国营企业的管理方式无意也无权批评贬低，因为我本身就是从机关和国营企业里成长起来的，在其中受益良多，也为我后来在民营企业工作奠定了基础。我一直认为，行政机关、国营企业的管理中有很多优秀的东西值得民营企业学习借鉴，但民营企业不能简单模仿，更不能照单全收。在我走过的民营企业里，看到更多的情况是，国营企业及政府行政机关的影子笼罩着整个管理工作流程，纠缠着管理者的言行。很多东西貌似严密实则松散，看似面面俱到实则效率低下。

在管理实践中，我是这样逐步认识民营企业的，"去行政化"才可能走近"企业","去国营化"才可能靠近"民营"。也就是说，去掉或尽量减少国营、行政管理的色彩，民营企业管理才可能返璞归真、去伪存真，找回自我，找回真我。民营企业最终是要靠效益来说话的，而效益是结果，效率是过程，只有高效率才能收获高效益。这才是一个紧凑完整的民营企业管理构架应该具有的核心价值所在。那么，这个"民架子"具体该怎样架构呢？

如果一个新生企业管理需要总体规划的勾勒，我在第一张白纸上将会用六个字搭建基本构架：体制、机制、素质；如果一个老企业管理需要提升，我的方案还是离不开这六个字；如果一个生病的企业需要诊病、治病的时候，我的医疗方案还得围绕这六个字。我的这本书其实就写了这六个字：体制——让制度定下来，机制——让员工跑起来，素质——让机关动起来。这就是我探索总结的企业管理的基本构架，我称之为企业管理的"三角架"。

这是我企业管理系列的第二本书，与第一本《企业不要管理》配套呼应成为姊妹篇。如果说，第一本书讲道理的多、动口多，当了"君子"，那么，第二本书则讲具体操作的多、动手多，做了"小人"。这也就正应了我的咨询策划工作理念：当"君子"做"小人"，动口更动手。

本书的风格还是坚持"作者亲历自说"。亲历，是说书里写的东西都是自己亲自干过的事情，不是听来的、看来的；自说，表明是用自己的语言，有多少说多少，不求华丽无暇，只求实实在在、自自然然。我的思想不一定深刻，我的观点不见得独一无二，但我所写出来的文字肯定是我自己的，这就是我一贯追求的文化价值观。当然，个人的一点见解微不足道，朋友的指正与交流才是我的内心向往。

　　这本书是我自己写的，但其中的很多想法和做法，是我与当时的企业管理团队共同探讨创作的，在这里我向曾经的"战友"们致谢。如果，这些实践能给更多的企业同行提供一点有益的思考与借鉴，那将是我们共同的心愿。

企业 ENTERPRISE 不摆官架子

目录

前言——民营企业的架子 / 001

○ 企业为社会所惑，国营企业为行政机关所惑，民营企业为国营企业所惑。民营企业的管理体制和机制，看上去更像一个好看不实惠的拼盘，机关的、国营的、家族的、个人的、民族的、国际的、洋的、土的成分都有一些。民营企业面对的诱惑多，困惑也多，常常找不到自己的感觉，拿不定自己的主意，撑不起自己的架子。

○ 本书的主题是说企业不摆官架子，副题是说企业要搭建适合自己的组织架构。合起来想表达的意思就是说咱民营企业不要摆人家的"官架子"，要摆就摆自己的"民架子"吧。

○ 如果一个新生企业管理需要总体规划的勾勒，我在第一张白纸上将会用六个字搭建基本构架：体制、机制、素质；如果一个老企业管理需要提升，

我的方案还是离不开这六个字；如果一个生病的企业需要诊病、治病的时候，我的医疗方案还得围绕这六个字。我的这本书其实就写了这六个字：体制——让制度定下来，机制——让员工跑起来，素质——让机关动起来。这就是我探索总结的企业管理的基本构架，我称之为企业管理的"三角架"。

体制篇——让制度定下来 / 001

○ 好人不如好制度，这是管理常识。但好制度首先应该是相对稳定、不被随意改动、能坚持的东西。制度就是企业里的"法律法规"，不能随意变动。可在企业里就是有一些人喜欢去做改动，带头不遵守。这些人一般都集中在高管层。

○ 我的理念是，凡事只要把领导管住了，其他人都不敢造事，各就各位，相安无事。

源自于组织结构的管理力量 / 003

结构方式决定效率高低——主流结构——金字塔——时尚结构——扁平化——我的创意——塔楼三合一结构——塔楼的设计理念——头要尖——身要细——底要宽——分而不离浑然一体

界定的权最给力 / 015

界定权力——限制上级——授予权力——解放下级——使用权力——自扫门前雪

变化不如计划 / 025

计划不是旧时代的产物——计划是管理工具——计划的总结——一对孪生兄弟——计划的计划——行动计划同步走——计划的日积月累——日记——周评——月结——年报

公费私花 / 035

公家钱私家花——谁也舍不得浪费——办公费案例——办公工资——超支不补节约归己——差旅费案例——掂量事情轻重——包干——销售费案例——控制两头——借款——报销——数据说了算

管理就是服务 / 045

企业生产出售的不是单项产品——是综合服务——上级与下级互为客户——服务改变内部管理结构——我能管住谁——我需要为谁服务——服务之树——根深则叶茂

制度的成长 / 056

是自己的——不剪切粘贴别人的东西——积累自己的点点滴滴——是全体的——领导也要受约束——是全面的——不留死角盲区

机制篇——让员工跑起来 / 067

○ 想让员工跑起来，靠自己的两条腿还不够，还需要让员工搭上快车，要装上轮子才跑得更快。在多年的实践中我设计打

造了"薪股房车"这四个轮子。

○ 要想着让员工跑，你就得想着怎么对员工好。多年的管理实践与思考使我深深体会到，管理的方法有千千万，说到底还是人与人的相处。人心换人心，你对他好，他就对你好。你对他有多好，他就对你有多好。

○ 本篇就是研究如何对员工好的。好东西如何到手叫激励，好东西到手怎样保得住叫约束。激励与约束并举才是完整的机制。

"四轮驱动"跑得快 / 069

全面分析——单一工资——独轮车跑不快站不稳——系统设计——薪股房车——四轮车跑得快——综合平衡——兼顾企业员工双方利益——整体出动——效应最大化

大道小道通山顶 / 078

先让员工静下来——对号入座——再让员工动起来——向上攀登——路路通——打开行政职务通道——打开技术职务通道——打开资历通道——打开层级上下通道——有奖有罚

"薪"鲜活泼 / 087

薪酬——劳动的报酬——买卖双方的公平交易——薪要够——市场定标准——薪要鲜——按时发——薪要清——工资奖励不掺和——薪要细——一口价不可取——亲兄弟明算账

房车不是梦　　/ 098

房子——建房——购房——助房——车子——卖公车——买私车——私车公用——两全其美

远方的召唤"股"舞人　　/ 112

股的坏名声——骗人——没准儿——股的好作用——约定利益——期许未来——期股——期权——动真格的——签协议——员工的利益有保障

教育是永动力　　/ 122

教育的分量——文化的教育——教育的文化——企业文化的教育——规则——信用——容纳——求实——教育不要图形式——身教重于言教

素质篇——让机关动起来　　/ 133

○ 机关有一种通病：人越来越多，皮越扯越长；文件越来越多，会议越拖越长；办事程序越来越多，办事时间越来越长。最后，一些事情到了机关变慢了，很多事情不动了，不少事情还不见了。

○ 这些年，我一直在探讨企业机关能活起来、动起来的途径——上级顺着基层走，管理跟着服务走，权力跟着需要走，整个企业跟着效率走。

对"管理"的管理　/ 135

　　"管"要通——上下通——左右通——内外通——"理"要顺——条理——顺秩序——理性——顺规律——理会——顺对方——管理有限——关爱无限

开会不打瞌睡　/ 147

　　大话瞌睡——我不喜欢开会——随意——扯皮——不散会——我喜欢琢磨会——分类——落实到行动上——少开会——我喜欢这样开会——形式简化——注重落实

文件不说废话　/ 158

　　文件没那么复杂——文件就是说事的——用书面形式表达——分类说事更清楚——计划类——啥事,咋办——总结类——事,咋办的——表格说事更明白——一张表胜过五页纸

工作不干私活儿　/ 167

　　算算时间吓一跳——干两天休一天——工作时间的钟摆——合理不合法——操作层的时间控制——定量定心——管理层的时间控制——把握要事——决策层的时间控制——给思想放放风

过程比结果更重要　/ 180

　　过程三步走——看清楚是什么——想明白为什么——动起来怎么办——全程须监督——全程需加油——结果只是过程的最后一个环节

人人都是管理者　／190

　　管理像影子——跟随着你——人人都要接受管理——包括董事
长——谁管谁呀？——石头剪子布——自我约束才是最完善的管
理——做管理的主人公

后记——坚守本性自我　／200

○　一种感觉、一种经验、一种责任促成我的一种观点：民营企
　　业若不坚持自我个性，若不保持创业初期的淳朴实在，若不
　　建立自己的管理架构，就会逐步失去自己的家园。

○　我的书名就是我直接的强烈的观点：企业不摆官架子，要坚
　　持自己的做法，要坚持自己有个性的做法，要坚持对企业长
　　远发展有价值的做法。

○　中国改革开放三十多年的成功之处在于，坚守了自己的核心
　　价值，学了别人但没有跟着别人，开始是美国的也学，欧洲
　　的也学，日本的也学，最后最成功的、最有价值的是中国自
　　己的。由此，我们民营企业更要有信心，要存活，要活下去，
　　要活得时间长，要活得质量高，要活出个有模有样，就要坚
　　守自己的本性、本命、本我。

让制度定下来

○ "制度"一词在《现代汉语词典》里是这样解释的：要求大家共同遵守的办事规则或行动准则。我这里谈的制度，就是企业里的那些文件规定要求，总体是说能干的或不能干的那些事情。

○ 好人不如好制度，这是管理常识。但好制度首先应该是相对稳定、不被随意改动、能坚持的东西。制度就是企业里的"法律法规"，不能随意变动。可在企业里就是有一些人喜欢去做改动，带头不遵守，这些人一般都集中在高管层。

○ 企业很多事情都是因为定不下来，跟着高层的感觉走，跟着高层的嘴巴走，把本来就不清晰的责权利搞得更是像一盆糨糊，浑水摸鱼者才大行其道。到头来，高管的嘴巴痛快了、感觉爽快了，企业的秩序混乱了、效率下降了、效益减少了，实际成本真是不小。

○ 定不下来的东西，就不是个东西，就不是个能用的东西，更不是个好东西。定，不是不动，而是为了更自如地动。就像运动规则，定下那么多规矩，目的是促使运动员最大限度地去创造发挥，企业里设置的各项制度也是这个原理。

○ 我的理念是，凡事只要把领导管住了，其他人也就管住了。这一篇主要是说给企业高管们听的，用来以身作则；同时也是说给员工们听的，用来监督提醒上级们。

源自于组织结构的管理力量

结构方式决定效率高低——主流结构——金字塔——时尚结构——扁平化——我的创意——塔楼三合一结构——塔楼的设计理念——头要尖——身要细——底要宽——分而不离浑然一体

在近三十年的工作经历中，我分别在部队、机关、院校、国营企业、民营企业工作过。我感到不同单位都有其自身独有的组织结构体，每个组织体都承载着这个组织赋予的使命，也全面影响着整个工作的效率。

通过在实践中对各类组织体所产生的效率比对，我越来越深刻地认识到，组织体内部结构就如同一架运转的机器，这架机器运转的效率，很大程度依赖其结构方式。如同汽车的组装原理，在零部件性能条件近似的情况下，组织结构方式所产生的效能是巨大的。

换句话说，在一个单位里，还是那些人，还是那些钱，还

是那些事，若对组织结构进行创新改变，就可能给企业管理效率带来意想不到的变化。下面我们先从企业现行的基本组织结构说起。

主流结构——金字塔

金字塔结构，上面一个点，下面一大片，四平八稳，集中集权垄断人治，最大的功能就是稳定。从稳定压倒一切的角度看，金字塔真的就是一座金子铸成的塔。

对于我们企业人来说，金字塔结构的组织形式古老而又熟悉。古老不用多说，几千年了；熟悉，是因为我们的行政机关都是这种结构，而当下行政力量一直是远远大于市场力量的，各行各业虽说对自己的组织结构都随市场的变化做了一些调整，但实际的结构方式还是受大结构方式制约，并没有真正独立出来形成自己的体系。

国营企业的组织结构压根就没变过，只是从编制上从行政体系里走出来，实际上仅仅换了件衣服。从企业的产权要素来看，董事长是上级提名、董事会举手"选举"出来的，董事会成员基本与股权没有关系。从这一点就可以看出，国营企业体制只是行政体制的复印件。国营企业掌控着国家庞大的资源，在企业的江湖里不想当

○ 黎明观企业

一种感觉、一种经验、一种责任促成我一种观点：民营企业若不坚持自我个性，若不保持创业的淳朴实在，若不建立自己的管理架构，就会逐步失去自己的家园。民营企业要生存要发展，就得要坚守自我。

老大都找不到别的位置。

民营企业跟在老大身后，唯唯诺诺换了一些名称：成立了董事会，把劳资科改名为人力资源部，把销售科改名为营销中心，但内在结构方式并没有发生本质的变化，民营企业整体也还是在金字塔里运行，金字塔结构仍然是民营企业组织结构的主流方式。

金字塔结构方式延续了几千年，自有其内在的道理，无可厚非。金字塔终归还是金字塔，什么时候也不会变为豆腐渣的。关键要看怎么用，用在什么地方。结构形式是为内容服务的，适合的、合理的、有效率的就是需要的。

我的观点是，民营企业管理体制不宜整体采用金字塔结构，但在局部使用可发挥其优势，如在上层决策采用金字塔式的结构可能会更有效。

ⅲⅲⅲ 时尚结构——扁平化

从字面上就基本可以看到其结构形式，形象地说就是将金字塔挤扁压平。扁平化管理结构刚出现时，的确使人耳目一新，尤其与金字塔结构一比较，很明显的效果是管理权限下放，直接对第一线，上下紧密合作，大家手拉手、肩并肩作战，管理距离缩短，上下积极主动，工作效率明显提高。

我的观察结果表明，扁平化管理在小企业里运用比较适

宜。小企业的概念是什么呢？几十号人，谁和谁都认识，高层管理者往院子中间一站，眼睛能看到员工都在干啥，耳朵能听到员工都在说啥。这种企业现在习惯上都称为"小微企业"。这类企业一般也会有财务室、办公室、供销部等几个部门，并排放在一起，同步指令、同步运行都没问题。扁平化管理适合这类企业，并且很见效。

同样是扁平结构，在规模比较大的企业里却有很多限制，其前提是需要看得见摸得着。企业大了以后，高层管理者有很多地方眼睛看不到、手摸不到，有很多话听不见了。单一的模式在大企业，尤其是集团化的大企业显然是不够用的。

扁平结构侧重于解决横向的问题，对于纵向问题显得力不从心。一般在企业里，人财物需要纵向有力度地自上而下贯通，如果将人财物全部扁平化了，则会削弱组织的贯彻力量及管理的效率。

其实，大企业就是由若干小企业组成的，如果我们把大企业的分厂、车间当成一个个小企业来看待，就会发现扁平化管理更适合在企业的基层单位使用。也就是说，扁平结构与金字塔结构类似，更适用于民营企业管理的局部，而不是全部。

从以上的金字塔结构和扁平结构看，其本身具有特有的功能，应用于企业管理的局部能发挥独有的优势，但单一作为企业管理的架构却有着先天的局限，显得有些单薄，客观上需要一种复合型结

○ 黎明观企业

我们的民营企业并没有坚守住自我，把个生龙活虎的民营企业搞得像个软绵绵的病猫，察言观色跟在人家国营企业后面亦步亦趋。

构来承载企业管理不断增加的重量。下面就是我在管理实践中摸索出来的一种复合结构方式。

ⅢⅢ▪ 我的创意——塔楼式管理结构

先看一下结果：

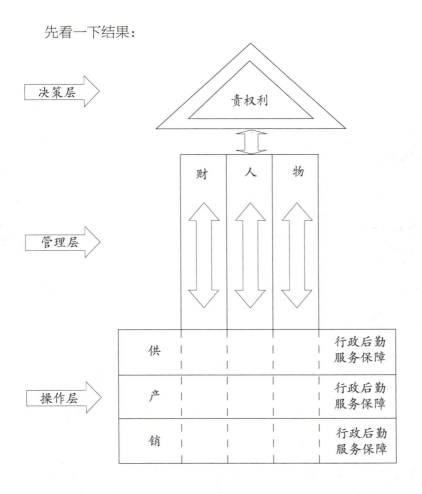

塔楼式管理结构图

这个图的创作经历了一个很长的思考实践过程。在企业的

实际管理工作中，面对金字塔与扁平化管理的困惑，我一直在研究实验更有效的途径。

起初，我针对金字塔、扁平化结构的不足，摸索建立了自上而下的长方体结构，也可叫箱体结构，试图将以上二者的优势互补、扬长避短。但长方体还是没有跳出扁平化的局限，只是加强了一些纵向管理的力度。总体自上而下还是显得比较单一，在实践运用中效果并不明显。后来，我在工作中进一步探索实践，也尝试了一些其他新的方法，但都没有摆脱单一的结构模式。

我在想，问题出在哪里？逐步感到问题并不在于某一种结构模式的优劣得失，而在于我自己的认识方法。我总想用一种单一的结构去解决复杂多变的企业管理问题，或用单一的方法去解决多层次问题，这是方法上的误区。当我逐步走出这一误区时，在实践和实验中摸索着走进了上面的那个塔楼。

塔楼的主体构造由三部分组成，这三部分实际上是我将金字塔结构、箱体结构、扁平结构组合到了一起。这个组合不是一加一再加一的堆放，而是经过长期思考，在实验和实践中累积而成，是作为一个整体建筑来思考设计的。

塔楼结构的核心价值在于，将决策层、管理层、操作层使用不

○ 黎明现企业

种种迹象表明，国营企业快升级为"大叔"了，今后也不排除当"大爷"的可能。国营企业的行政化管理占市场主导，进而直接影响民营企业的管理模式。

同的结构方式进行组织，使各自的功能与结构方式达到最大效能的匹配：金字塔决策，长方体传导，扁平化实施。

　　将金字塔置于楼顶，让上层的决策者走进金字塔，实行集权决策：将扁平体应立的立起来，该躺的躺下；让中层的管理者走进立式箱体，承上启下纵向贯彻落实决策者的意图；让基层员工在扁平的箱体内横向携手，高效实现工作目标。

　　前三种结构的共同弱点是其单一性，不能变化、变通。塔楼式复合结构方式，三位一体，独立与整体的矛盾得以化解，从容处理复杂的管理体系中可能存在的问题。决策、管理、操作三个层次、方式、方法、角度重点不同，但目标却是同一个方向。

　　企业管理实际上用九个字就包括了：责权利、人财物、供产销。塔楼结构将这九个方面均匀地装进了每一层里。三个层次、三种结构方式，连结起来就是一个挺拔结实的整体。我的塔楼设计的总体思路是，头要尖、身要细、底要宽。

头要尖

　　决策历来都是上面的事，少数人的事，就像人的头一样，占的地方不多却指令全身。金字塔的头要尖，不要弄成方头、大头、重头，头重则脚轻。

　　金字塔是供企业的高层、决策层使用的，其主要任务是划

分清楚企业的责任、权力、利益这三件事。民主需要集中，拍板，只能由一个人拍，不能大家一起拍。无论在中国还是在美国，决策总是少数人的事情，而且多数情况下都是多数人服从少数人的决定。

我一方面不赞成企业整体采用金字塔结构，一方面又主张在决策层采用金字塔结构。其功能主要是解决企业各层员工的责权利问题。责权利向来都是涉及各方的切身利益，从来就不可能完全一致起来。最后必定要由少数人商定，由一个人拍板，这也符合通行的民主集中制原则。

对于存在了几千年的金字塔结构，我们不能简单地评说其功过是非。一种结构的长期存在一定有其潜在独有的内在力量。民主需要基础，我们目前的民主基础还达不到自上而下扁平式自我完善管理的程度，金字塔管理结构的存在有其合理的现实基础。

民营企业上层的一般组织形式表现为董事会，有的以集团公司办公会的形式出现，有的以老板当时信任的几个人为决策平台，有的则集中到老板自己一个人的脑袋上。

从现代商业公司模式及合理性来看，决策层的组织形式还是以规范的股东大会、董事会、监事会为宜。在一些股权单一独大的民营企业里，发挥董事会的功能还是必要的。这类公司的董事会可以

○ 黎明观企业

在"国进民退"的大趋势下，民营企业的特长优势在减弱，国企行政机关病在蔓延，民营企业酷似国营企业，国营企业如同行政机关，自己的影子模糊了。

考虑以管理要素为主进行组建，聘请吸收外部法律、管理、财务方面的专家为董事，参与年度工作计划、财务预决算等方面审定，参与重大投资项目论证，逐步培养形成具有宏观决策能力的集体团队。

无论采用什么样的形式，老板可以坐在塔顶上拍板决策，但最好不要将自己弄成金字塔上空中楼阁的孤家寡人了，因为多数情况下离开团队的决策都不会是上策。

▮▮ 身要细

再看中间的长方体。这里主要集聚着管理层，也就是我们常说的管理机关，他们站在人财物的平台上承上启下，将决策层的指令转化为管理文件及行动方案，监督实施过程及结果。既然是专门办事的机构就得精干利索，自身的体型不能太粗。

我们常见的问题多发生在机关。机关人员有权有利清闲自在，介于上下之间，进退自如，想往里挤的人不少，容易发胖；机关，起初是几件事一个人办，后来是一件事几个人去办，分工会越来越细，部门岗位会越来越多，容易臃肿。机关，行政权力过大，他们总是高高在上以管理者自居，相对于供产销工作，他们大多是外行，却总是在发文件指挥着很专业的工作。机构过多人浮于事，就会节外生枝没事找事。

在我看来，中间的功能定位就是行政服务职能。行政后勤

都是为一线服务的，只有服务保障的职能，没有指指点点发号施令的权力。

这一部分的机构主要是行政、办公管理部门。我的观点是，机构能合则合，人员能少则少。不信你看，民营企业里若党政工团部门一大堆的，效率都不会高的；相反，部门越少，人越少，效率反而会越高。

按照"精"与"简"的管理理念，机关内部部门的设定，应围绕自己企业主体产品生产系统来设置。如下图，划分三块，将企业的主体部分往中间一放，两边的自然就明确了。

无论什么性质的何种产品，企业都是一个生产单位，主业产出系统的核心在生产计划、生产调度、生产实施三个环节上，三者最

○ **黎明观企业**

> 当企业稍微大一点，走进社会大舞台时，为了迎合多数观众的口味，便开始模仿大企业、国营企业、机关的做派，与此同时，开始慢慢丢掉自我。结果，别人的东西没学好，自己的东西不见了。

后应集中在生产指挥调度中心这个平台上。

在这三个系统中，主业产出、辅助系统根据实际需要多少部门就设多少，一切满足产品生产需要。行政后勤系统则从严控制，减少环节，减少部门，一人多岗，一岗多能，一套人马多块牌子，保持修长的好身材，反应灵敏，动作迅速。

▪▪ 底要宽

最后来看底下的扁平体。一般来说，这里的人员最多，企业的硬实力都集中在这里，供应、生产、销售业绩都要在这里实现，这是企业的地基，所有的管理资源都应向这里倾斜。

由于长期以来受国企的影响，很多民营企业里存在头大底小、头重脚轻的倾向。上面的管理部门一大堆，到了下面却把供销合并为一个部门，有的生产企业只设一个生产部，意思意思罢了。

我的观点是，把供应、生产、销售作为单独系统，给予足够支撑完成刚性指标的责权利，将供应、生产、销售分成三大系统，系统中再分专业管理，各系统内相对独立运行，在总的控制体系里，有人权，有财权，有专业处置权。

按照塔楼管理线路，上级对责权利要有明确的政策，人财物要直管，但不能统管。塔楼式管理结构图中虚线部分说明上级政策要管到底，但手不能插到底，要给产供销基层单

位以充分的自主权。

塔楼里所有的行政、后勤、服务部门职能统统往下沉，向供产销前线倾斜；所有的决策、管理、服务的头都要朝下，三位一体，目标一致，分而不离，浑然一体。

最后，让我们与企业的员工一起走进我设计的具有民族特色文化的塔楼：基层的员工在扁平的底座内左右穿梭，辛勤地劳作着、创造着；中间的管理者在立体的箱体内承上启下，忙碌地工作着、创新着；企业的决策者站在企业的金子塔尖上俯瞰挥挥手，悠然自得，风光无限。

• 轻松一下，通过两个保镖的行为看看体制的力量到底有多厉害 •

两个国家总统在第38层楼开会，中间休息时，两人比谁的保镖更忠诚。A总统先将自己的保镖叫进来，推开窗户说："杰克，从这里跳下去！"杰克哭着说："您怎么能这样呢？总统先生，我家里还有老婆和孩子呢！"A总统听后无奈挥挥手叫保镖走了。轮到B总统了，他把保镖喊进来，推开窗子说："李明万，从这里跳下去！"李明万二话不说就要往下跳，被A总统一把拉住："你疯了，跳下去就没命了！"李明万哭喊挣扎着："求您了，总统先生，让我跳下去吧，我家里还有老婆孩子呢！"

○ 黎明现企业

市场上充斥着明明白白的"潜规则"，你不做有人做，你不掏钱有人掏钱。好汉不吃眼前亏，随大流应走的路不想走也得走，有生意做一把是一把，赚一点是一点，自己的底线消失了。

界定的权最给力

界定权力——限制上级——授予权力——解放下级——
使用权力——自扫门前雪

现在的商业公司的名称最后一般都有"有限责任公司"几
个字。有限责任公司是相对于无限责任公司来说的，指的是公
司若发生风险，应按出资额负有限的责任。有限，就是一个上
下受限制的度，仔细想想，世界上凡事都是有限度的。

宇宙分星球，世界分国家，国家分省、市、县、乡、村，
世界是有秩序的。企业是社会的一个小拐角，小拐角得遵守社
会大秩序。企业内部也得分层分级，各自在规定的范围内担负
有限的工作责任，行使相应的工作权力。

在企业里比较普遍的情况是，处于下级、中层、基层的多
数员工很遵守有限责任秩序，因为他们周围设置了很多不能不

遵守的限制性硬条件。处于上层的少部分管理人员则往往更容易越界下行，因为他们在制定限制条件时，有权力对自己的要求宽松一些，留的余地多。最高领导则常常是无限责任管理，处处都有他的影子，事事都得等着听他的指示，因为在企业里本来就没有限制他的任何条件。我的观点是层级可以有高低，遵纪律守秩序不能分上下。

界定权力——限制上级

在社会的官场上，我们常见的情况是大家都削尖脑袋使劲往上钻，而在一些民营企业里，情况看上去却有点反常，职位高的人总是喜欢往下走。就说最大的"官"董事长吧，按照岗位职责的设置要求，董事长属于决策层里的，高高在上理所应当，可他们好像不爱在自己的楼上待，总喜欢往下面管理层去凑热闹。

老大往下跑，一方面是对下面的能力不放心，一方面是对自己的能力太自信。因为对谁都不放心，所以始终也就建立不起来放心的体制；反过来，没有放心的体制，就没法放心地对人对事，也就没有放心的时候。所以，时时处处不撒手，手越伸越长，手上的东西像沙子一样越攥越紧，越紧越少。最后只有自己去鞠躬尽瘁，同

○ 黎明观企业

我们国家改革开放三十年，主要的任务就是将企业从计划经济推向市场经济，从管理经济迈向自由经济，刚刚走出一小步，若"国进民退"的度有失分寸，退回去可能暂时看上去安全了，实际上，从长远看则更不安全。

时叹息下级无德无能对咱企业不忠。

老大错位，导致层层错位，层层不在其位，所有的制度都需要"司法解释"，谁来解释？当然是老大了。这样随随便便就将下面的权力收回来了。向老大请示的问题越来越多、越来越小，老大的批示越来越细，老大成了大书法家，一字难求，一字千金。

若发现下级有擅自行事的，老大会漫不经心地问："这件事，我怎么不知道？"下级说："我按文件规定范围，想着事情不大，就没有跟您汇报。"老大说："噢，也对。"实际的潜台词是"也不对"。等下次遇到类似的问题，下级真去请示老大时，老大则会很豁达地说："这样的小事还用跟我说？你就做主吧。"下级是干什么的？其主要的工作任务就是琢磨上级的意思。机灵的下级将两件事放一起一比较，马上便会做出一个聪明的清醒的判断：以后大事小事都不做主，都汇报。这样的结果上下级各得其所，两全其美。

于是，老大就把手中的杆子插到底了，很辛苦但很乐意，见人就说"忙呀"。能不忙吗？咱们一起玩玩下面的游戏就会有所体会：1.把手插在旁边人的裤兜里，是不是要多别扭有多别扭？2.把手插在后面人的裤兜里，是不是要多费劲有多费劲？3.把手插在所有人的裤兜里，是不是要多无知有多无知，要多无聊有多无聊？这样的游戏其实就是情景再现，在不少企业里总是重复上演。自己的手在别人的兜里瞎抓，手忙了脚就

容易乱。自己的事儿做不好实属必然，必然得忙，必然得乱。

如果上级的手经常插在下级的口袋里，那么下级的手只好再找他下面的口袋。位置的混乱，大道不通，小道横行；大道消息不畅，小道消息盛行。组织功能弱化，工作程序随时变动，上级让下级猜。我们从小就知道"小道消息"这个词，更对其重要性有深刻的体会。当时粉碎"四人帮"、林彪摔死等重大事件，民间都是首先通过小道消息得来的，小道消息大于大道消息，成为我们这一代人思维潜意识中根深蒂固的模式。很多人更喜欢小道消息，随时推翻大道消息，这也是民营企业家多变、善变的根源之一。

人人不做主，个个不负责；累死老大，骂死老小；废了下级的武功；一放就乱，一管就死；最后权力紧紧攥在手。下面的人没权也就没责了，留下精力专门给自己争利；没权了，也就没意思了，没意思了他什么也不想干了，实在躲不过去的事，干好干坏根本不在乎。最终，企业的老大活生生消灭了手下的一个团队，剩下各怀心思的一群散兵。

在企业里，冲破管理限度的，处在越位的大多是来自于管理的上级。若从上至下层层越位，每个人的职权都超出规定的范围，就可能推动整体移位，势必造成组织结构变形与管理体系的混乱。

○ 黎明现企业 ————————————————————————

　　谁管谁？谁能管住谁？谁能不被谁管住？往往是管理双方在暗中较劲的问题。其实，没那么严肃，我们小时候玩的"石头、剪子、布"的游戏，早就轻松地说明了谁管谁的道理。

如果每个管理者本来就不很专业且都不在自己的岗位上，实际上搞得我们的管理比业余还业余。决策者自己把自己下放了，企业的决策层就空了。企业没有专业研究制定决策问题的人，决策功能逐步萎缩，多数情况下只能是拍脑门、摸着石头过河。决策者首先是站错了队，一开始就错了，所以接着干的那些"不正确"的事实属必然。这也是一大批中小企业成长不起来的主要原因。

批评了老大这么多，实际就一句话，劝其回到自己的工作岗位，老大的工作岗位有职有权也有限，想让企业运行高效、顺畅、不别扭，大家就要各就各位。方法也很简单，就是先让最上面的老大归位，老大把占着下面的位置腾出来了，下面就都顺顺溜溜自动复位了。原来是一错再错，现在是一对都对了。

▅▃ 授予权力——解放下级

决策者的任务是什么？一般来说主要是管如何向前发展，就是常说的规划、战略、愿景这些大事，正所谓"决策者做正确的事，管理者把事情做正确"。在我看来，决策者做正确的事就是需要授权、真授权、授真权。授权，一般都能做到，但真授权、授真权，要做到就需要勇气，不少决策者勇气不足，往往暗中打折。

很多老板忙起来就抱怨，真想把那些不大不小的事情的权

限都授出去，但又怕授出去收不回来。再者，权力这个东西感觉很好，总能得到请示汇报，那样的情景很享受，舍不得。因此，很多授权都是犹犹豫豫，笼笼统统，似是而非。

要建立授权、收权机制，权力需要不断调整，但不能模棱两可。授权是鼓励，收权是限制，都需要公开明确。授权，不复杂，无非涉及到任务、流程、责任人、时限等要素，用下面一张表就都装进去了。

公司部门工作程序及权限表
（模拟示意简版）

部门	工作任务	经办人	财务人员	部门负责人	公司主管副总	总会计师	公司总经理	董事长
例：人力资源部	绩效考核工资	审批后制单	审批后发放	考核	考核	审核	审批	阅知

○ **黎明观企业**

企业用心对员工，员工就会用心回报；企业给员工一个家，员工就会把企业当成家去爱护。

一开始对某个新岗位的职能没把握可以授权范围小一些，逐步成熟扩大。同样，对某个人不完全了解掌控之前，授权也是由小到大的，权与德能要匹配。让最近的人去管最熟悉的人。下管一级，只管一级。

高管可以管到底，也应该管到底，但手不要插到底。高管的任务就是统管全局，下面有问题不能不管，关键在于怎么管法。除了偶发特殊状况外，一般情况下，高管发现问题后的工作是将这些问题归类，研究内在必然因素，审视责权利的结构，提出解决共同问题的思路方案，将其变为指导性政策。

上级的手究竟应该伸多长？我有个土办法不妨一试：手伸出去能够得着，而且指头还能使上劲，此外剩下的权力统统都交给下级吧。

▙▍ 使用权力——自扫门前雪

"个人自扫门前雪，休管他人瓦上霜。"这是一句俗话，在多数人的印象中，是句讽刺批评只顾自己不管他人的话。随着时代的变迁，人们对这句话的理解逐步多元，很多电视栏目也讨论类似的题目。包括最近街上看到老太太倒在地下，到底是扶还是不扶的大讨论，都与这个认识有关。

今天在这里，我想借这个题目探讨的是企业管理中不同层级人员的管理角色和范围问题。但就字面上来说，我是从中

性的角度来看这句话的。在企业里，从董事长到普通员工，每个人都有明确的岗位及职责，每个人首先要先站在自己的岗位上，干好自己的本职工作，这才是基础。在这里我将这句话稍微改动一下："先别去管别人家瓦上的霜，只把自家门口的雪扫了再说"或"个人自扫门前雪，不能管他人瓦上霜"。自家门前的雪若不扫，影响自己也影响他人；别人家的瓦上霜要么蒸发掉，要么还爬在瓦上，人家自己都不去管，你还操心那就多余了。

由此我做了以下情景联想：1.吃饭，自己端着碗，筷子在别人小碗里挑；2.睡觉，自己的床空着，跑到别人的床上睡。3.打电话，自己的手机闲着，总用别人的手机。如果是这样，那该多别扭？

在企业里，对于一个有工作职务的管理人员来说，手上握有两样东西，一样是你应该干什么，通常我们叫做"职责"或"责任"；另一样，为了保障完成职责，给了能干什么的功能，习惯上我们叫作"职权"或"权力"。同时规定了责任和权力的范围，权力及权力的限度通常表述为"权限"。也就是说，管理中的权力是由责任派生出来的，权力是需要限制在职责范围内使用的。因此，在这里我把管理的权力看作是一种有限的责任。不受限制的权力肯定会到处乱跑，自然就会产生滥用，最终的结果是可想而知的。物极必

○ **黎明观企业**

很多时候，别人看不见，监控器看不见，可是自己能看见，自己时时处处都能看见自己。如果，我们每个人都能把公共场合当成自己的家一样去爱护，那么，马路边戴红袖标的大妈大叔就会少了许多。

反，当权力无限大的时候就是到头的时候，实际上已经自动归零了。

当权力被界定、授予之后，使用权力还需要讲规则，各自不越位不出界。权力容易自我膨胀，会把本来规则的小方块变为向外扩的小圆圈，互相碰撞摩擦。管理的路径从直线就变为曲线，其中的当事人就会躲躲闪闪绕圈子。环节越来越多，手续越来越杂，人越来越圆滑。

责任和权力这两样东西在企业内部起初是对称的、平衡的、有效的，后来慢慢开始错位了：面对工作中对自己有利的东西，权力就会往上走；遇到工作中对自己不利的东西，责任就往下走。久而久之，就会产生不少"权大责小"的、令员工羡慕的、成熟的"官"——遇到什么事都要说了算，发生什么问题都由他来评判，什么事都没责任——这就是多数人都想找机会弄个一官半职的主要原因吧？当多数人都想当官，当多数官又都想多要权力的时候，产生争执就成为必然。

企业管理，首先要保证结构平衡。要保持基本结构平衡，管理团队的成员就需要各就各位，各司其职。这是结构平衡的基础，因为高管人员总体分量举足轻重。我们的高管人员应该清楚该管什么，还应该明白不该管什么，更应该放手那些属于下级的事情；不能想管什么就管什么，不能对什么感兴趣就管什么，不能擅长什么就管什么，不能什么有利自己就去管什么。

企业管理的责权利对每个人都是有限度的，在这个框架限

度内就可以把事情做得更高效，否则就会辛辛苦苦换来杂乱无章低效的结果。高层管思路，中层管方法，基层管执行，三个层级没法混同，谁干谁的活都不专业，都是最低配置。在企业内部，无论是管理职务高低、股权多少，个人站在管理的岗位上，都是组织结构体系中的一个点，权力可以分大小，但不可以无限制，需要通过充分明确的授权发挥团队集体的智慧和力量。

权力这个东西好使不好玩，让人欢喜让人忧，不敢过头了。

轻松一下，下面这个李总大家可能都认识：

有个工人问李总秘书："李总看戏怎么总是坐前排？"

"带领群众。"

"可看电影他怎么又坐中间了？"

"深入群众。"

"来了客人，餐桌上为啥总有李总？"

"代表群众。"

"可他天天坐在办公室里……"

"傻瓜，相信群众呗！"

○ **黎明观企业**

只要结果不要过程的结果是，很多事情得不到实时监控，过程往往是黑的，在没有结果之前可能就夭折在半路上。

024

变化不如计划

计划不是旧时代的产物——计划是管理工具——计划的总结——一对孪生兄弟——计划的计划——行动计划同步走——计划的日积月累——日记——周评——月结——年报

"计划不如变化"是我们熟悉的口头禅，说的是事前的计划与事中的变化不能完全一致，强调的是计划要超前周密，以适应有可能的变化，但并没有贬低否定计划之意。有些人，有些计划不周全的人，在本身就没有全面理解这句话的前提下，简单否定计划的作用，甚至认为无计划才是市场经济的本质。从标题可以看出我的观点，计划在企业管理中的地位举足轻重。

计划的伤痕

曾经的计划在20世纪七八十年代统治着国民经济与人民生

活，不要说国家生产计划，就连个人生活国家也给完全计划了：肉票、粮票、烟票、酒票、糖票、自行车票、缝纫机票、手表票，在我的记忆里几乎找不到无计划票证的生活品种。那时国家机关里最大、最有权力的部门是计委，据说一个县计委主任就是二县长，很牛。那时令人羡慕的职业是听诊器、方向盘、人事科长、营业员，都与完全的计划经济有直接的关系。

后来改革开放的主要内容就是从计划经济走向市场经济，我们今天的经济发展及个人生活的改变充分证明了这一改革是成功的。正是由于这个改革的巨大成功才显示出计划经济与市场经济的反差，于是"计划"这个词也就不知不觉地与"旧时代""死板""落后"这些概念挂上钩，甚至一些人干脆将计划理解成企业管理中的反面角色，这就有些矫枉过正了。

计划，本身只是一种管理的方法，无论是计划的经济还是经济的计划，计划自身无功无过，属于中性的管理工具。实际上，在当时特殊物质短缺匮乏的时代，计划经济发挥的正面积极的作用并不少，只是后来人们将这些问题简单化、极端化罢了。

我们国家改革开放这三十多年，对计划的认识与实践也经过了

○ **黎明观企业** ────────────────────

> 员工的呼声需要听，但不能全听，更不能听风就是雨，听听看看再想想再说。好的多数的有价值的意见，更多的应该是通过公开主渠道形成的。这方面的度若掌握不当，小道消息可能就大行其道，决策者、管理者可能就会被纠缠进去。

不少反复。最早有些全面否定的意思，想把所有的企业都交到市场自由经济体里，称作"国退民进"。后来发现国家宏观控制减弱后难以掌控全局的问题，又逐步以国有资产控股的方式将大企业从市场中拿回来，称作"国进民退"。在我看来，这两种举动在特定的历史背景下都有道理，但当前"国进"的速度有些快、步子有些大了，很可能会对前期改革成果起削弱作用。

当然，这种尺度没有绝对的标准，调来调去也属正常，关键在于把握适度。市场看不见的手与政府看得见的手一直在掰手腕，现在多数人的看法是两只手中一只也不能少。计委也许就不该撤，我看现在物价、房价问题，都与事前的计划不周不全有关。市场经济与计划管理从来就不矛盾。只有当计划不成为管理工具而成为权力的道具时，计划，才可能又一次变质变味。

在这样的大环境中，企业受到的负面影响是全面深刻的。民营企业的老板们的主要注意力在外部观察研究社会关系、官场更迭方面，内部则缺乏管理的计划和计划的管理，从制度设计、组织建设、人才培养方面都没有系统的认识与充分的准备。在项目选择上，拍脑门凭感觉；在日常的生产经营管理中，更注重管理者的个人经验与习惯，缺乏事前的周密计划，大量的工作耗费在擦屁股、补漏洞上。很多工作都是一路上晃晃悠悠，而不是稳稳当当走过来的。

在我看来，计划，带着历史的伤痕一路走来，受环境的限制，一直就没有完全康复过。对于一个健康的企业，一个企业

的健康发展来说，计划是完全需要的，计划是非常必要的，计划是特别重要的。

计划的总结

计划与总结是孪生兄弟，计划理应是从上一个总结中开始，到下一个总结处结尾的，循环往复，周而复始。

企业常见的问题在于，年底的工作报告虽然总结计划都在一起说，实际上内在没有必然的联系。总结采用"虽然取得了很大成绩，但是还存在不足之处"的结构，将成绩轰轰烈烈、有条有理地摆出来，将问题笼笼统统、无关痛痒点到为止草草收场。至于下期的工作计划，那得专心揣摩上级的意图，凭想象按习惯来做。

这里最大的问题是年和年脱节，总结和计划不连贯，更谈不上深入分析、找原因、找办法。这样，总结对于计划来说，不是传承关系，更不是递进关系。总结的功能本来就是为今后工作扬长避短做准备的，但遗憾的是中间就被偷换概念了，在总结时使劲宣扬自己工作所长，极力逃避自己之短，实际的作用是给脚下的坑盖上了伪装网，与人们常说的"垫砖""支杠子""挖坑"之类的行为一

○ 黎明观企业 ────────────────

对于决策管理者来说，你是用脑子的，手脚并不需要太快。行动力强不代表就可以随意违反决策顺序大干快上。什么事都要想好了再干也不迟，差什么都不该差这一点儿时间。

脉相承。

总结，要盯住缺点说。到了年底，辛辛苦苦干了一年，要说好的更要说不好的，好的已经成为工作成绩跑不了，不好的还在，还会影响后面的工作。今后工作成绩的提高无非来自两个方面，好的更好，不好的更少。有时，研究、修正缺点比宣扬优点更有效。针对民营企业的实际状况，年终对外、对员工还是应该以总结宣传正面的成绩为主，但关起门来在小范围内，决策管理层得在会议室里主要研究解决工作中的缺点、问题、不足。

总结要顺着计划说。要把年初的计划拿出来一笔一笔对账，核小账、对大账、算总账，计划执行要反过来核对原计划，哪些执行了，哪些没有执行？哪些指标达到了，哪些指标超过了？没有达到指标的不一定都是不足，超过的指标不见得都是成绩，关键要把一年计划的和实际干的事情得得失失弄明白、想清楚，得的清楚、失的明白。最重要的是要清楚明年接下来怎么办，这样第二年的计划框架也就跟着出来了。

计划要顺着总结走。在全面审视上期计划执行结果后，总结过去的好与坏，重点搞清了问题的表象、内因及修正的方法，清楚了哪些方面是要发展的、哪些指标是要保留的、哪些问题是要改进的。在新的计划里，上年做得好的被保留下来，不好的被淘汰，新的指标装进来了，没有做完的工作继续努力，总结与计划自然就连为一体，携手并肩走进新年度。

计划的计划

计划应该按照日、周、月的顺序安排。每年的12月31日，当我们从容按常规将12月份月结做完了，全年的计划执行情况自然就生成了，明年怎么干？看看自己的资金、设备、人员状况，参照国家的宏观政策、行业新规，在上年计划和计划的实际执行的基础上，将下年的指标装进去，新计划跟着就出来，十天就够了。这十天的空档期，仍然延续执行去年的计划指标。这样，计划就形成完整的周期循环的管理体系，周而复始，有条不紊。

计划需要层层分解，一步步明确。最基层员工手上的计划应该是一份详细的操作方案，年、月、天的数据都要标准化记载，通过日记、周评、月结、年报等有效形式进行适时监控测量，根据实际需要作局部阶段性微调。将计划层层分解后变成考核对照表。好的计划让每一个操作人员清楚今天的工作干什么、干多少，与自己的利益关系是什么，干多了奖多少，干少了罚多少。这样，计划才能成为刚性指标，才能起到有效的激励和监督作用。

○ **黎明观企业**

面子是最浪费时间的一项，我们企业的管理者们可以算一算每天、每周、每月、每年为顾自己的面子及别人的面子浪费掉的时间有多少？面子问题常常又集中在应酬上，吃饭、开会、庆典、聚聚、坐坐、聊聊、参观、访问都属于应酬之列。如果想处处周到、八面玲珑，谁也不得罪，那你什么事情也不要做了，天天就干这一件事，怎么都忙不过来，而且会越忙就越忙，越累就越累，没有喘息之机。

计划要与企业的运转节奏合拍。从企业运营的实际需求看，第二年的计划一定要在一月上旬下达完毕。如果月初计划都下不来，工作怎么干？在这里我强调的原因是，我们很多企业计划的下达很滞后，有的甚至在过完元旦才开始四平八稳等数据、搞总结、订计划。中国的元旦与春节之间是个既不固定又很漫长的过渡期，这个期间多数人忙于过年的公关应酬，工作效率是最低的。在这个热热闹闹的时期，可怜的计划往往被一拖再拖，常常被推到春节后才隆重地草草发布，这时，新的一年至少过去两个月了。由此，也可以反推看出计划在企业里的无足轻重，两个月都可以在无计划的状态下进行。

对于企业来说，年前的计划是最重要的工作。建议企业的高管们少吃两顿饭，少送几次礼，那些事情多点少点迟点早点问题不大，若计划出不来、出不全、迟迟不出来，那全年的问题可就大了。

▗▄▅ 计划的日积月累

在这里我介绍的是一张"工作日记、周评、月结表"，这是我多年摸索积累的一张工作表。起因是我在工作中总感觉工作系统性差、连贯性差，使以前很多好的经验没留下，不好的教训也没记住，很可惜，企业管理没有积累，一些数据断断续续可用性不大。为了改进这些问题，我渐渐琢磨出了这张工作表。

工作日记、周评、月结表

填报人：　　　负责人：　　　日期范围：　年 月 日— 年 月 日

上月工作小结	本月工作安排	日记		周评		月结				
		日期	所做主要工作	工作亮点	工作不足	业绩指标完成情况	工作收获	问题及建议	下月工作计划	负责人阅批
		1								
		2								
		3								
		4								
		5								
		6								
		7								
		8								
		9								
		10								
		11								
		12								
		13								
		14								
		15								
		16								
		17								
		18								
		19								
		20								
		21								
		……								

○ 黎明观企业 ————————————————

工作时间内保持一种工作状态，是一个现代企业工作者的基本素质。我们每天总共工作时间是八个小时，有限的时间内做分内的事，想想看时间还真是紧张。如果你八个小时内还有很多无聊的时间需要设法去躲避、打发，那就该检修自己了。

每年年底的工作总结计划，无论是在行政机关还是院校企业，都是不可不做的重要工作。从个人到部门到单位，都要做当年工作总结及下年工作计划。通常情况下，大家都是翻翻笔记本的记录，凭脑海里追忆，把做过的有成绩、有面子的工作罗列出来。至于这些工作与年初的工作计划是否对应，完成了多少，没完成多少，都不太在意，各说各的，本身也无据可查。我想用这张表来解决这些问题。每年由十二个月组成，每月由三十天组成，如果把每天计划干什么和实际干什么都记录下来，那么，无论是一年、一月、一周、一天的工作都完整无缺。

日记，根据工作计划实际执行情况记录；周评，一周工作下来，进行简单评议；月结，每月进行一小结，对照计划执行情况，一方面看看都做了哪些工作，一方面检查一下计划制订得是否准确周全，若有问题，及时在下期计划中加以修正。

每周或每月，上级负责人对工作小结及工作计划做一次评议，上下制度化及时交流沟通。本月工作安排与下月工作计划内容相对应，本月没有完成或没有结束的工作，须无遗漏地转入下月工作计划。

条件具备的情况下，尽量使用电子表格制作、传送。全部表格须分级保存留档，作为绩效考核的基本依据。电子档案填写很方便，没有多少工作量，每周一张表，每月四张表就组成月结表，十二份月结表就自动形成了年报的所有数据，将这些数据通过软件进行分类分析，制作图表，合起来就是一本全面

准确的年度报告。

如果将这张表推而广之应用到每个员工、每个部门、每个阶段，一年积累下来，就是一本企业经营管理大全。总结计划有用，绩效考核有用，统计分析有用，需要的时候就有用。日积月累，年复一年，循环往复，积累到一定程度就是企业管理的一大笔财富。

计划，不是口号也不是理想，而是实际工作的行动方案，贯穿于全部工作的始终，连接着各时期工作的前后，渗透在每项工作的细节里。

"管理得好的工厂，总是单调乏味，没有任何激动人心的事件发生。"这是管理大师德鲁克先生说的。我想，计划也许是单调乏味的，但只要能"管理得好"，就可能会产生"激动人心"的结果。

轻松一下，推荐一份令人激动的计划：

100岁老人可以生2胎，110岁老人可以由国家分配住房，120岁老人看病不要钱，130岁老人可以免费周游世界！注意保重身体，后面的好日子在等着我们呢！

○ **黎明观企业**

从感受的角度来看，一般情况下，睡衣总比工作服要舒服，但上班就要穿工作服。企业是个组织共同体，人多就得管理，被管理就是有些不舒服，尤其是对少数人来说是极不舒服的。走进一个集体就要接受共同的约束，就像我们在马路上要听警察指挥一样的天经地义。

公费私花

公家钱私家花——谁也舍不得浪费——办公费案例——办公工资——超支不补节约归己——差旅费案例——掂量事情轻重——包干——销售费案例——控制两头——借款——报销——数据说了算

费用管理，常常令管理者最头疼。比较麻烦的问题存在于办公费及营销费用方面。

办公费用多少没标准，我们看到的多数情况是比较浪费。随便看看每个人的办公桌、柜子里都存放着很多长期不用的多余的稿纸、信封、笔墨，搞得大领导经常在会议上强调节约这些小事情，显得啰唆不大度。

产品营销费用存在的矛盾就更多，若简单地按销售量返点提成，员工在心态上总觉得是个临时工，与企业的感情关系不紧密，就可能会不顾企业品牌声誉，一味追求销量。若收得太紧，层层审批，又不适应市场变化的需求，逐步使销售陷入僵

局；若放得太开，销售人员花多少报多少，最后可能就成了野地里放羊。

我经常会听到这样的问话："招待客户怎么花这么多？"答："客人很重要，是大客户。"一听就知道，这是在报销，在为没有标准的报销进行着上下博弈、勾心斗角。很多企业即使制定了客户分类招待标准，但还是存在该不该招待、招待几次、真招待假招待的问题。假如，这些吃喝费与个人的费用关联起来，那么业务员对于该不该吃、吃多吃少这些事情的把关会比领导审批严格得多，也许那剩下半桌子的酒肉鱼虾会被一杯清茶代替，而且并不见得就影响客户关系。

在上一篇"变化不如计划"中，我们讨论了企业管理中的有计划管理，重在强调量化管理。但计划下达不是目的，实现计划才是目的。我们的管理者层层分解下达指标固然必要，但同时还要考虑完成计划的方法手段。很多企业的上级简单地将指标分解下去，只是一味强调必须完成，并没有过多关注如何完成计划的步骤与方法，往往造成年底计划完不成或走形或面目全非，最后下级找理由搪塞，上级发脾气指责问罪，有点像自由市场，结果是吵吵嚷嚷不了了之，伤害的还是企业的本质利益。

○ 黎明观企业 ────────────────

前些年流行的"时间就是效率，效率就是金钱"的说法，这是针对企业管理而言的。还有一种说法是："时间就是生命。"我补充的说法是："生命就是时间。"这不是在玩文字游戏，将生命前置是在警示我们应该更加珍惜时间。

我们的管理者，大量的时间被那些批条子、报费用等事务性工作所占用，费神费时伤感情效率低。有效的管理者可用事前的规则方法去解决这些问题，腾出时间去做更重要的事情。

下面我通过以往实际工作经历来说明我的想法。我的基本思路是，将办公费、营销费等这些公费采用"工资式费用"管理，也就是说公家的钱当成私人的钱来花。工资的特点是，发到个人头上，花超不补，花不完归己。同理，将费用像工资一样明确发到具体的单位，由小单位掌握这些费用，超支不补，结余归己，自由灵活支配。经常看到浪费公款的现象，谁听说过浪费工资的情况呢？

例一：办公费用管理

这里主要想说的是办公室桌上的费用管理问题，因为我看到多数企业对这方面不够重视，总觉得都在桌子明面上摆着，有问题也大不到哪儿去。细算一下，日积月累，这方面的浪费是很大的，管不好常年下来就是一笔不小的数目，重要的是还涉及到企业的风气问题。

我的调整方法是先把人均办公费算出来，人均办公费的计算取前一至两年的实际数据，再按部门的办公性质、任务核定系数，最后人均数×人数×系数，就是每个部门的年（月）的办公费。

办公费额定后，变为部门办公工资自己支配，办公用品自己配，花超了不补，剩余的部分由部门负责人掌握，用于同事

的婚丧嫁娶、部门聚会、内部奖励等项，可以相对自由支配。给小集体有一定的自由度，负责人在下属面前显得有职有权，增强了部门员工的活力。当然，财务手续必须要健全合规，统一开票报账。结果可想而知，节约不再是觉悟，而是本性。再看每个人办公桌上都是有用的东西，单面用过的纸多数可能都会双面用了。此外，我还有几种减少开支的想法。

办公用品零库存。现代商业发达到企业几乎可以不用库存办公用品，办公室里稍留一点打印纸、笔之外，其他的东西都不是十万火急的，需要什么东西，打个电话保准在半小时内就有人送来。

不必每人一部电脑，不必每部电脑都配置那么高。除财务、营销统计、机要档案工作人员配单独电脑外，其他工作人员的办公可以设置公共电脑区，工作人员配置移动硬盘，谁工作谁需要谁使用，既节约又可有效防止工作期间的私人行为。配有秘书的高管，其实桌子上也没必要摆上那么多，配那么全，一年动过几下电脑呢？打印机、传真机、复印件、扫描机都可作为办公公共配置，进行公共管理、计费使用。节约下来是企业的也是大家的，肉烂在锅里，何乐而不为呢？

○ **黎明观企业**

官样文件是个什么样子呢？官样文件需要猜猜看，基本的特征是把短话说长，把小事说大，把成绩放大，把问题缩小，也就是我们常见的"虽然……但是……"结构。

例二：招待费管理

招待，本来是招待别人的，但实际上招待自己和自己招待部分却占去不少。无论在机关还是在企业，官位职位的含金量很大一部分是来自招待费用的随意支配权。招待费的好处是概念比较模糊，事后报销时是谁吃的也模糊，没法核对。在现实中，没有发票多拿公家一千元那叫贪污，有了发票多报一万那叫小节。

最说不清的就是招待费，最浪费的也是招待费。你看那大酒店大桌子上大方点菜大半剩菜的肯定是能报销的公款消费。这些问题所有人都清楚，所有人都是议论者，也是参与者，共同身不由己地推动餐饮价格的飙升。

在行政机关、国营企业里，有些钱是指标，不花不是钱，所以得使劲花才能完成指标。在民营企业里，所有的钱都是钱，花的是钱，不花的也是钱，所以我们得省着花、算着花。那么，谁来算、谁会省呢？我的办法还是前面说的那个"工资式招待费"。常规条件下，按照部门的工作性质核定一个招待费的上限指标，遇有特殊事情再临时单个授权。就那么多钱，去完成那些事，本事小了钱不够自己贴；本事大了少花钱，节约归小部门自由支配。这些规则额度定好以后，报销的时候由会计出纳就处理了，哪还用得上老板老总们去批那厚厚的说不清的一堆餐票呢？

例三：差旅费用管理

在我看到的企业里差旅费管好的不多，主要还是受行政机关模式影响太大，管理规定大多在能不能坐飞机、卧铺、打的、吃饭补贴、住宿标准、几类地区等这些定义不清的概念里纠缠。其实，在我看来，处理这些问题很简单，不要套人家行政机关的路子，人家是专项费用，不花完也干不成别的事，也就是常说的"不花白不花"。民营企业的钱花了就不能白花。

民营企业出差的任务是办事情的，值得花的就花，不该花的不花，需要花多少就花多少，不讲排场、不讲面子、不论身份，只讲效率及效益。坐不坐飞机，要看事情的轻重缓急，一个小业务员赶送一份几百万的标书，飞机只剩头等舱了也得坐；一个领导出去转转开研讨会，慢慢悠悠坐火车也很自在。再说飞机票比火车票便宜是常有的情况，为何还必须要让员工去坐火车？

我过去在企业里定的出差标准都很简单，大交通费+定额补助（住、吃、小交通费），再根据事情的大小、轻重、缓急，给一个费用上限，实际上是个系数。企业办事需要符合规定，更得符合实际需要。有时为了效率，看上去多花钱了，但事情及时办好了，更省钱；有时为了符合标准，花钱少了，但事情没办好，更费钱。仔

○ **黎明观企业**

"虽然我们的工作取得了很大的成绩，但是距离上级领导的要求还存在一定的差距。"这一句话所隐藏的官场智慧、语言艺术不经百炼难以成钢，让人内心敬畏。

细算算账，哪样合算？

我们的管理者常常将出差费抠得很紧，但对应不应该出差、需不需要出差，一趟差能办多少事，一趟差需要出几个人却比较模糊，取舍不当。常常是没名堂的培训班去了一大堆人，可能的市场开发力量却不能到位，里里外外造成的浪费不小。

在企业里，规定是为人服务的，人是为事情服务的，不能教条僵化。利用公务学习开会，为什么就不可以就近旅游？开会、学习、旅游，三样事花了一趟路费，反而是提高效率，节约了经费，何乐不为？有的员工很少出差，甚至没坐过飞机，多花一点钱让他坐一次飞机，带来的温暖和鼓励该有多大，为什么就让自己定的制度把自己给制住了呢？

例四：营销费用管理

我曾经在一家以销售为主体的公司工作，产品主要是生物制剂，当时已初步形成全国销售网络。但由于公司的销售网络基础是拼凑起来的，可以说管理体制五花八门，有集团公司直接销售的，有分地区的，有分品种的，有以行政管理为主导的，有以销售返点为主体的，有以代理为主体的经营体制；有拿工资的、有不拿工资的；有借款多的，有借款少的；有报费用的，有不报费用的；有的销售量很大，费用报了不少，但应收款很多，富了部门亏了公司。针对这些问题，我还是运用"工资式费用"的原理，主要通过"可使用销售费用"与"可报销费用"两个步骤，将相关利益要素扣在一起。

第一步：可使用销售费用＝销售额×毛利率×销售费用率

一个销售部门可使用的费用，除了销售额以外，毛利大小起很大作用。这样做主要是为了防止销售人员只顾量不顾利的情况。销售费用率，是集团公司的一种调节杠杆，根据生产能力、市场变化适时调整费用率。

示例（1）：以上海销售部2010年预算计划为例，根据预定销售目标预算，假设销售额为2500万元，产品的平均毛利润率为39%，销售费用率为25%，全年可使用销售直接费用额为：2500×0.39×0.25＝243.75万元。

以上只是全年的预算计划，而费用是逐月发生的，具体到每月见示例（2）。

示例（2）：以上海销售部动态销售为例，假设三月份销售额为380万元，产品的平均毛利润率为45%，销售直接费用率为25%，上海销售部三月份可使用销售费用额为：380×0.45×0.25＝42.75万元。

○ 黎明观企业 ——————————————————————

如果一个组织依赖在会议上，说明被会议绑架套牢，真的应该检讨自己内部组织问题了。

可使用费用还需要转化为可报销费用，才能最终报销。

第二步：可报销销售费用=可使用销售费用额×$\frac{实收款}{应收款}$

在产品销售中，若应收款大小不与销售人员利益挂钩，其结果是销售量上去了，销售费用上去了，企业实际能收回来的钱下来了。在这三个数字中将实收款作为变量，实收款越大，可报销费用就越多，实收款与费用报销这一组利益关系紧紧相扣。

示例：继续上边的示例（2），上海销售部三月份可使用费用额为42.75万元，应收款（销售额）为380万元，实收款为298万，计算结果：$42.75 \times \frac{298}{380} = 33.52$万元。上海销售部三月份可报销费用额度为33.52万元。

销售费用就是销售部的"集体工资"，销售部的"工资"不是上级批来的，不是"争"来的，而是自己通过销售"挣"来的；集团公司只管怎么发"工资"、发多少"工资"，不管怎么花"工资"，报销不做行政审批，不做具体用途审查，只做财务报销票据合乎要求，直接对应财务部预决算；超支限额借款，结余指标归己自由支配。最后，卖多卖少、利高利低、应收款管不管？各销售部自有一本划算的账。

最后，还需要端正一个管理的理念。政策往往是上面人决定的，因此，政策上往往把上头放得太松，把下面卡得太紧。

企业常见的情况是，规定越往上越宽松，最上的几个人干脆什么都没有限制，这是我们制度理念的误区，实际上约束小的地方浪费最大。约束性政策都是对下面的，似乎有这么一个逻辑，职位越高，觉悟越高，所以约束就越少；职务越低，觉悟越低，所以约束就越多。而实际上，职位高的权力大、约束小，一旦起歹心干起坏事来吓死人；职位低的权力小，吓死他也干不下多大的坏事来。我的观点是，无论哪种制度措施，上下都应该是均衡的，每个人都有权力享有激励的待遇，同时也要接受同等的约束。

轻松一下，讲一个利益驱动的故事：

在一家生意兴隆的咖啡厅旁，有一个公用电话亭，小李经常要去那儿打电话。所以当这部电话损坏时，小李感到很不方便。尽管一再要求电话局派人修理，可得到的仍只是许诺。几天以后，有人与电话局联系说，再不用急着派人来了，电话已经修好，唯一不行的是每打完一次电话，塞进去的硬币总是如数跳出来。还没过一个小时，就见一个修理工匆匆赶到。

○ **黎明观企业**

我们很多管理者，把大块的时间都留给上级备用，对下级的时间很苛刻，随时放下和下级的工作时间，去迁就上级的时间，总有那么一块闲置的无效时间在眼巴巴等着上级随时的号令。

管理就是服务

企业生产出售的不是单项产品——是综合服务——上级
与下级互为客户——服务改变内部管理结构——我能管
住谁——我需要为谁服务——服务之树——根深则叶茂

提起管理给人的感觉总是比较严肃，马上联想到上级绷着
脸教育教训教导下级的情景；说到服务给人的感觉往往比较亲
切，自然浮现出员工们为上级为客户殷勤地跑前跑后的样子。
表面看上去管理与服务的差距还真不小。实际上呢？我的题目
就是答案，管理就是服务，两个叫法一个功能。企业管理的结
构需要以此重新排列。

服务该怎样解释呢？按我的直观理解，在企业里，服务就
是讨好顾客。为什么要讨好？原因很简单，因为要让人家掏钱
买自己的产品。为了让人家买我们的产品，我们就要下功夫使
产品的质量比别人优，价格比别人低，态度比别人好。服务本

不是一种高尚的素质，而是被顾客的需要逼出来的手段，服务是在市场中放养长大的，很真实，生命力很强。服务不是仅限于服务行业，而是同时存在于所有的企业外部与内部。

这个题目也是我在企业培训中的主干课程。在每次培训前，我会首先发出两份问卷让学员回答。下面两个问题我就从这两份问卷的情况说起。

企业出售的是服务

第一份问卷："企业出售什么？"在问卷中我列举了受培训的企业名称，同时也将公共企业、大品牌企业一并列出，如商业公司、办公用品销售公司、房产公司、物业公司、建筑公司、商业银行、海尔、可口可乐等，让学员回答这些企业都是出售什么的。最后的答案不出所料，多数人回答的都是每个公司的具体产品，如房产公司出售的是房子，可口可乐公司出售的是饮料等答案。

接下来我会给他们讲解我的观点。如果将所有的企业不分行业、不分产品放在一起，从最终的结果看，大家销售的其实都是同一种产品：服务。服务，是所有企业的共同产品。

○ 黎明观企业 ─────────────────────

生活中我们可能都会有类似的经历，当人虚情假意应付对方的时候，因为没有真情真话，就得没话找话说，为显得亲近一些，就得把一句能说完的话掰成三瓣说、重复说。文件为什么那么啰唆呢？也是这个道理。

我曾在一家城市商业银行工作，当时银行刚成立不久，与财大气粗的国有商业银行相比，我们小得可怜。银行业是国家高度集权控制的行业，业务范围规定非常明确严格。允许做的业务大家都能做，不允许做的业务大家都不能做，而且品种比较少，也就是说业务的同质化很强。

我们一家新成立的小银行和同行的老大哥竞争什么呢？我按照在军校学习到的战术思路进行分析，国有商业银行是正规军，我们是游击队，我们无法与人家打阵地战，只能迂回游击。确立了主要战术之后，我们就研究第二个问题，怎么游击？按照当年毛泽东"敌进我退，敌疲我打"的思想，我们制定了"人家不愿干的我们干，人家干不好的我们干，人家关门的时候我们不关门，人家等顾客上门，我们到顾客的门上去"的服务营销策略。随之，我们推出了"365天天天营业，24小时时时服务"的措施。通过上门收款、延时服务等服务措施，围绕服务开展一系列竞争活动，迅速奠定了基础，不出几年就与当地国有商业银行平分天下。

后来我也曾问大家，我们银行是出售什么的？一部分人回答说是资金、钞票，大部分有过实践经历的人都深有感触地回答道：我们出售的是服务。

顾客买产品就是买服务。具体的产品只是整体服务体系中的一个环节，顾客买你的产品，同时更重要的是买你产品背后的服务保障。顾客在买商品的时候，明知同类大品牌产品的价

格明码标价高出很多，一部分人仍然坚持要买贵的。其实顾客也很明白，多出的这一部分钱，不是为产品直接支付的，而是为产品的服务体系支付的产品保险金。

企业在设计一种类型产品时，实际上是在设计一整套产品服务的流程，从产品设计到生产、包装、宣传、批发、零售、成交、回款、售后、保修等多环节、多条件才能实现产品的使命，具体产品制造只是这众多环节中的一环，只有服务才能贯穿全过程。

我们同样将饮食、汽车、百货、宾馆、旅游、金融等不同行业放到一起看，无论是哪类企业，但凡能在行业内走远做大的，都具备了一整套严密的服务流程、服务管理体系。这个体系包括技术、生产、销售、财务管理、售后服务等各个方面，全方位覆盖企业的内部管理和外部客户。

上级与下级互为客户

第二张问卷是：在贵公司谁能管住谁？谁为谁服务？这个问卷的设计是一张表格图，中间是答题人的位置，四周留下空白方

○ 黎明现企业

要溜须上级领导很英明，要表忠心自己很辛苦，要抢地位表明自己做的事很重要，要推责任把该说的话我都说了，无非想要表达的不就是——我最重要，我最认真，我最辛苦，我最忠诚，我想得最周到，将来干好了有我一份功劳，干不好没有我的责任。想完整表达这些意思，废话当然是最好的伙伴。

块，填写上下级和服务的对象。同样，问卷的结果也是在意料之中的，谁是上级谁是下级很清楚，谁该为谁服务则很模糊、很笼统。

接下来我给学员们分析产生这种答案的因素。在企业内部，官职，是很明确的体系，而服务从意识到体系都是很淡薄微弱的。在多数企业内部管理中，谁是上级？谁是下级？谁的职务最高？表面谁有权？实际上谁最牛？谁能把谁管住？这些问题连打扫卫生的大嫂都一清二楚。而谁对谁服务的问题多数人却搞不清楚。

还是以上面的城市商业银行的工作为例。到了年底准备召开客户联谊会，这项工作的主办部门自然是办公室，办公室的办事员每人负责一个方面，事前负责接待的办事员会给领导们分工安排谁负责哪些客户。在这个时候，所有的领导都是为客户接待服务的，负责接待的办事员就是这件事的上级，而很多行政的上级需要接受这位办事员的具体安排。在这个时候，客户排在前面，服务最重要，谁是领导不重要，听从办事员的安排最重要。

企业营销方面，谈生意、谈条件到了最后阶段，对方总是希望企业能做主的高管出面敲定。这个时候，你若是这个高管，就需要按照销售员的安排出面参加活动，需要怎么说、说到什么程度，这些都要服从销售员的安排，因为销售人员在第一线，对客户了如指掌，他的安排最专业、最权威。这时就得

上级服从下级，大家都要服从客户的要求。

于是，我们就明白我们的客户同时存在企业的外部和内部；于是，我们也就明白了我们每天所做的工作其实就一样：服务。

在我看来，企业内部人员，无论是总部还是分部，机关还是车间，部门之间的人员，上下级关系是次要关系，互为客户、互相服务才是最重要的关系。财务部、人力资源部、办公室、招商部、企划部、上级、下级、部门之间互为客户。上级是下级的客户，因为上级有人权、财权，有提供服务的资源条件，目标就是为一线提供服务；下级也是上级的客户，因为所有的文件、规定、主张都要通过下级去实施、实现。

服务改变内部管理结构

企业若是以行政体系为主，一般都采用的是金字塔管理结构。企业若是以服务体系为主，一般采用倒金字塔结构，也就是我们常见但不见得熟悉的树状结构。

金字塔式结构是企业通行管理结构，董事长、总经理、副总经

○ 黎明现企业 ————————————

> 行政机关专门生产文件，企业专门生产能卖出去、能赚钱回来的商品，两码事两条道。咱们民营企业不能跟着人家跑，咱们民营企业要效率、要效益，所有的事都得简单明了，直接把事情说清楚，文件更是如此。

理、部门负责人、员工从上到下一溜排过来，上面只有一人，下面一大堆人。指令是从上面一层一层下来的，服务是一层一层上去的。在这种结构里，加强服务意识也好，提高服务质量也好，都只能解决一时的皮毛问题，正所谓的治标不治本。在我看来，要想治本，就得彻底改变管理结构。我的方案是把金字塔打个颠倒（见下图）。

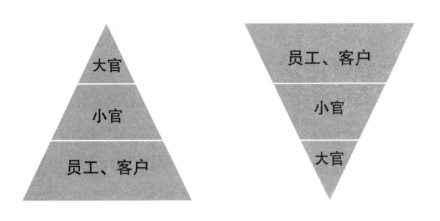

金字塔倒过来，就成了树状结构。结构中的人、职位都在原位不动。这时你再看，树状的结构根在下面，上面最宽最大的地方站着什么人呢？是员工，是客户。底下的领导们都把他们顶在头上，掌权握钱的那些领导都藏在下面当树根，暗中使劲，扶持树干树枝树叶枝繁叶茂、开花结果，这是一种符合自然生长规律的天天向上、茁壮成长的结构方式。

在这样的结构里，内部互为客户，把所有岗位上的人员都

当作自己需要服务的客户。意识的改变是为了行为的改变，"我需要做什么"会成为主导，而"我能管住谁"就退位其次，实际的效率发生了根本的变化，其能量不可低估。

企业的最高指示在市场前线。在企业里职务不是最重要的，需要才是最重要的。据说美军在特殊作战条件下，最前沿的士兵可以越级与更高指挥官直接通话，要求对敌行动。此时，士兵就应该是高级指挥官服务的对象。在企业里，第一线的销售员最清楚客户的需求，他提出的很多要求都是行政上级所要尊重遵守的。销售员的信息价值很高，但由于他的职位较低，在官位体系主导的企业里，如果这些信息一级一级地汇报上去，再一层一层把决策传达下来，也许早已变为市场的垃圾了。

我们每天从事的工作就是为客户服务，我们的客户就在自己的身边，我们的任务是要找到自己的客户，找客户的工作越往上层越难。在传统的文化意识中，下级为上级服务天经地义，而上级只是对下级发号施令。如果我们上层管理者能从意识上转变过来，主动为下级服务，那么，上下的目标就会高度一致，很多扯皮的事就会变得比较简单。

○ **黎明观企业**

　　企业文件最重要的功能是说事，把事说清楚，把复杂的事情用简单的方式说清楚，这就完成了文件的全部任务。把想说的事用文字记录下来，起个名字就是文件。需要扩散印发的时候，上面加个红头，下面盖个红印，就可以正式发文了。

如果我们企业的高层管理者思想还有障碍的话，再多看看外面的变化。近年来，各地政府都建立了政务办事服务大厅，将各职能部门集中在一起，柜台一站式办公，同时还设立了很多信箱、服务监督措施，的确是提高了效率，减少了扯皮，方便了群众，越来越人性化。这说明政府管理水平的提高及社会的进步。我常想，政府都能从纯行政型管理主动走到服务型管理，我们的企业更得二话不说跟上趟。这里，我建议企业的高管抽空到政府的服务大厅去走走、看看、想想。

行政型管理与服务型管理的分水岭在于，行政型管理主要是为人服务，为上边人服务；服务型管理是为事服务，为有效的事服务。企业是做事的，不是供奉人的，这是明摆的道理。所以，我们要努力植树，植服务之树。

服务之树——根深则叶茂

服务这棵大树上，有树叶，有树枝，有树根，那么根在哪里？根怎么才能扎得更深？我们有必要先从一些误区中走出来。

服务要实在。客户不是上帝，上帝谁也没见过，这种比喻有些虚，不实在，再说我们也没办法与上帝打交道。客户就是我们面对的真实的人，对真实的人用真心提供真实的服务就比

较实在可信。

好态度不等于好服务。一提起服务，人们自然就想到态度。在多数人的意识中，笑脸相迎、鞠躬相送就是服务的全部。其实，态度只是服务体系中的一个环节，产品不好，产品的后续保障不好，态度再好，顾客也不会掏腰包的。

有服务意识还不够。服务意识往往成为强调的重点，认为只要有意识能看得到，就能做得到。没错，服务的意识是必要的，但不能保证服务的措施是必须的；服务的意识是想到了就做，想不到就不做，也就是想做多少就做多少。所以说，仅有服务的态度和意识是不够的。

一个完整的体系才能保证全面服务，服务体系是在一个服务流程中强制运转的，就像坐飞机，你可以觉得安检很麻烦，你可以很不情愿，但你必须要做，因为不过安检的门就进不了飞机的舱。

服务体系的流程管理与服务态度和意识的区别就在于，流程管理可以想不到，但不能不做到；流程设置强制你必须做，或者说逼你做，不做这一步就迈不出下一步。体系，才能完善流程，流程需要在体系里养育。

○ **黎明现企业** ───────────────────

> 按我的土办法，把所有的文件只简单归为两大类：计划、总结。计划类就四个字："啥事？咋办？"；总结类也是四个字："事，咋办的？"

服务体系的建立是一个投资大、见效慢的系统工程，企业准备走的路越长，前期投入的就越大；准备走的路越短，在这方面投入的资金、热情就会越少。这也是检验企业综合实力的一个标准。

核心竞争力来自体系。企业产品的竞争实质上就是服务体系的竞争。谁的服务硬盘空间大，谁的服务软件不断开发升级、走在市场前沿，谁就有可能抢占市场先机。深度决定高度，高度由底下的地基决定，看得见的东西，恰恰是那些看不见的东西在给力。

金字塔上面的领导人显赫，但风吹日晒，海拔最高，空气稀薄，高处不胜寒；大树下面的领导人植根大地，深藏不露，风不吹日不晒，享受大地的滋润，给树干树枝树叶提供营养。高管是根，中层是干，员工是叶，客户是叶，根深才能枝粗叶茂。

轻松一下，认识一位聪明绝顶的理发师：

一个秃头的男人坐在理发店里。发型师问："有什么可以帮你吗？"那个人解释说："我本来去做头发移植，但实在太痛了。如果你能够让我的头发看起来像你的一样，而且没有任何痛苦，我将付给你5000美元。"

"没问题。"发型师说，然后他很快叫人给自己剃了个光头。

制度的成长

是自己的——不剪切粘贴别人的东西——积累自己的点点滴滴——是全体的——领导也要受约束——是全面的——不留死角盲区

写这篇文章时，名称与主题一直犹犹豫豫定不下来，总想把制度这个问题说重一些，特别强调一些，以此更能引起关注。曾经起过"制度为王""说一不二才叫制度"等几个名字，但陆续又被自己否定了，原因是感觉现实所具备的条件距离这些理念目标太远了，说多了也就扯远了，花功夫写了半天对实际工作总得有用才是。

○ **黎明观企业** —————————————————————————

我认为一张表顶五张纸，一个数字胜十句话。这样的形式，没有给废话、虚话留位置，那些"优异的成绩""良好的效果""基本达到""圆满完成"的话在表格里找不到位置。促使我们在很小的篇幅捡最重要的话去说，用数字说话，用事实说话，用结果说话。

最后确定这个题目，是我坚信在优秀的企业里制度最终都会为王的，除了你不前进不进步不创造。即使目前制度达不到为王或说一不二的程度，也应该用心保护，促使其成长，等待成熟时机的到来。

影响制度成长的因素很多，我体会比较深的是制度的成长至少应该具备三个条件：是自己的，是全体的，是全面的。

是自己的

说"是自己的"，言下之意就是说，我们企业的制度很多都不是自己的。我再说得直白一些，很多所谓的制度都是剪来的、粘来的，经常上网的人一看就明白我说的是什么意思。对于这些"造制度"的人来说很简单，从网上一搜二剪三粘贴，制度就出来了。因为不费事，所以剪的时候很大方，剪出来的东西总是大而全，有用没用的一大堆。

由于大家互相传、互相剪，剪得太多了觉得不好意思一字不变，除了换一些名称，顺手也牵强附会再添加几条。于是这些制度就越传越多、越繁杂、越空洞、越不好用，最后几乎是全得不能再全，成为大全了。越抄越全越没用，越没用就越没人用。哪条都有道理，哪条都不知道怎么操作，表面看上去整整齐齐，内在逻辑关系则七上八下。不过，这个问题很少有人发现，因为很多人压根就不看，扫一眼就知道是抄来的。最后

这些制度像个装饰画似的只适合挂在墙上。

最有意思的是，高管们经常让"低管"们造的制度给制住了。下面的人一人抄一样，把自己过去工作单位留下的资料拿来，名称一换就原汁原味地装进现在企业的制度里。思路不统一，方法不一致，逻辑关系对不准，漏洞很多，矛盾不少，给你整一大堆，该说的不该说的、有用的没用的、用处多用处少的都堆到一起，让你去挑，让你花眼，让你觉得有了还不如没有。你的心里很麻烦，但嘴上一时还说不出来什么不是。由此看来，不要以为管理中都是上级收拾下级，下级也有很多机会、方式来收拾上级的。

下面人起草的时候随便搬抄，报上去上面的人随便批，都没放心上，大堆的制度很快被造出来。不信你看，我们很多企业的制度都是相似的，而相似的制度都有相似的特征，那就是"假、大、空、全"。

我认为，制度的产生一定要源自于企业实际需求。我体会，企业的制度不是抄出来的，也不是写出来的，而是憋出来的。因为企业在成长过程中，一定会不断遇到困难问题，当发生了问题，就开始琢磨解决问题的办法，这些办法在当时是憋出来的，是专门解决具体问题的，是实实在在的工作方案。当这些办法、方案经实际检验是可行有效的，沉淀下来就逐步变成有价值的制度。

○ 黎明观企业 ————————————————————

　　文件，就是在纸上说话，平时怎么说话，就怎么写文件。啥事，咋办的？咋办就咋说，咋说就咋写，把事实装进表格里，写出来就是文件。

原装才能出正品，亲生的制度才靠得住。积累自己的，不怕少，就怕乱抄乱套，各自抄的版本不一样，内部文化理念、技术指标相互冲突实为必然。制度，自己养，自己育，最后才会是属于自己的，才会是自己企业文化的一部分。

优秀的企业必有优秀的制度。我们很多企业主动走出去向先进于自己的企业学习取经，有的还很谦虚虔诚地将人家那一套管理制度和办法拿过来为己所用。我觉得其态度没说的，但最后的收效都不会太大。原因很简单，不是自己的、不是自家地里长出来的，基因、水土、环境条件都有差异，再好也还是人家的。

当然，企业的公共管理部分还是应该遵循社会统一标准的。比如文件的格式、会议的流程、后勤行政服务的礼仪规范，都应该按社会商业公司通行标准设置或套用。但核心价值部分一定要是企业自己摸索、创造、积累、独有的，由行业、行情，所处地区、时期，企业文化、价值观等多种因素构成。制度的成长是不断更新打理延续的过程，在成长的过程中逐步沉淀积累属于自己的企业管理文化。

制度汇编，大家都比较熟悉，哪个企业、哪个单位能没有几本制度汇编呢？但多数情况都是只"汇"而不"编"。也就是说，到了年底将一年发过的文件按照文件编号，统统交到印刷厂的手里，汇成厚厚的一大本就了事。像"关于转发什么什么的通知的通知"的文件占据多数，印出来没什么用，过去发

过的文件手上都有，只是重复印刷而已，况且那么多的内容，看一眼都累。

没用的东西还在印，驱动力在于：第一，错不了，即使有错，也是你领导层层审批过的东西；第二，印出来厚厚的一大本，摆在那儿就是工作成绩的代表；第三，当然要考虑照顾关系户，平时被印刷厂"公关"过，心里总惦记是个事，印出来是越厚越好，造价高，顺手也还个人情。由此看来，这纯属是懒人做的一件无聊的事，没什么价值。在我看来现在计算机这么发达，一大本文字被一个小小的电子文件全都装进去了，像上面说的那样粗笨制度汇编压根儿就没必要印。

我主张制度汇编要"轻汇重编"。"编"，编辑的意思，就是要归类、取舍、说明，要动脑子下功夫，是一种再创造。我在企业里每年年底所做的主要工作，就是把具有创新改革、影响面大的文件、方案、研讨、意见进行归类整理，并加"编者按"，同时将这项工作的背景、过程、重点、目的都加以说明，哪些工作还没有结束、需要下年继续进行的都交代清楚，最后汇编成册。这样的制度汇编，实际上是对所做工作的系统回顾总结，同时也是对后续工作的计划安排，一本制度汇编就是一本实用的工作手册，企业具有价值的重点工作得以沉淀传承。

○ 黎明观企业

开会越多，说明越不会开会；开会越多，解决的问题越少，堆积的问题就越多；解决问题的方案越多，解决问题的时间越少，问题就会越来越多。会议越来越多，效率越来越低。

▐▌▌ 是全体的

制度，我的理解，制，制式，统一的、规定的，比如说，军队、警察的制式服装；度，尺度，界限。制度合起来的意思是统一规定的尺度界限。制度，在企业里说得玄乎一点就是企业里的"法律"，因为是最高权威，所以人人都得必须遵守。言下之意就是说，在企业制度管辖的范围，所有人都应责无旁贷地、无条件地遵守，是约束全体的。这是有关制度的理论，人人都懂，人人都不会反对，但并不是人人都能做到且自觉遵守。也就是说，有一些人常常不在制度约束的范围之内。我观察的事实是，大概有四种人不喜欢遵守制度。

第一种人的名字叫"领导"。在领导的意识里，制度是上面人定给下面人去执行的，上面人可以执行也可以不执行；在领导的眼里，制度多数都是下面人抄过来的，用处不大，可有可无；在领导的脑袋里，制度是"我"审定的，"我"可以定也可以不定，"我"可以这样定也可以那样定；在领导的行为里，制度也归"我"领导，企业管理得一直围绕着"我"的嘴在转。总之，领导有不遵守制度的权力条件。这些领导们人数不多但功力不浅，他们是对抗制度的主力军，是射杀制度的神枪手。

第二种人是利益冲突者。制度是公共规则，要保护、增加多数人的利益，必定就要限制、减少少数人的利益。当制度

体制篇　让制度定下来

影响少数人的利益时，这些人会自发地走到一起本能地逃脱制度的约束。

第三种人是后来者。主要存在于管理层，主要的表现是新官不理旧账。新官来了，若都按旧官制订的东西做了，那自己不就找不见了嘛。所以，新官上来了，考虑制度的合理性并不重要，重要的是要变，变成自己的。于是，可怜的制度经常在权力的更迭里被削弱，甚至是被摧残。

第四种人是隐形人，这个人隐藏在每个人的脑海里，时隐时现。人的天性总会本能地设法冲破束缚界限，制度就是人们天性的敌人，超越制度会成为人们的生存的本能与本能的乐趣，人们会不由自主携手共进的。

这四种力量联合起来，不用使多大的劲儿，就能将企业的制度撕个七零八落。那么，怎样在可能的条件下削弱这四种力量、维护企业"法律"的权威呢？

俗话说，打蛇先打头。削弱这四种力量，首要的、重要的是领导要有牺牲自我的精神。领导们不要担心执行制度会削弱自己的权力，企业的决策者主要的任务是对未来负责，未来走多远，

○ 黎明观企业

后来到了企业工作，没想到有的企业会议一点也不比机关的少，而且是白天开晚上开，上班开下班开，遇个大小事就开会。企业老总们想怎么开就怎么开，高兴了要开会渲染一番，不高兴了要开会臭骂一顿。会议，成了员工精神的负担，进而多数人开始厌恶、恐惧，最终逃避会议。

事情干多大，要取决于决策者的视野和胸怀。决策者大度能容制度高于自己，就有可能建立长远的制度体系。如果只顾眼前，凌驾于制度之上，说话算话了，不受拘束了，感觉舒服了，这完全是可能的，但要走长走远、做大做强却是完全不可能的。

是全面的

不少企业制度的数量不少却不全面，没有覆盖企业管理的全部。想起什么写什么，现成的有什么就拿什么，擅长什么造什么，比较零碎，制度之间经常自己撞车。

制度需要专业的体系设计。就像盖大楼一样，先要整体规划设计，要有整体框架结构。人财物、供产销、责权利，这是企业管理的三方面九要素，是制度框架的主干。只要大结构立起来不跑偏，单项制度即使不完善、有缺陷，但在实践中不断修正提高都来得及，不影响大局。大局就是制度的构架，完整的架子才能保证承载全面的内容。

我在实际工作中摸索了一张表，可以建立检验制度体系框架的对应关系，排列出制度所涉及的范围，明确管理的基本要素。

建立企业制度体系框架关系对应表（示意）

	责			权			利		
人									
财									
物									
供									
产									
销									
说明	1.此表为示意表，主要为表明对应关系。 2.在实际应用中可将每一类关系根据需要单独无限扩展。								

○ **黎明观企业** ───────────────

　　至今，我还是不喜欢会议。我是从会堆里爬出来的，一直被会缠绕烦恼。至今，我在处理公务时能不开会尽量不开会，以至于有的同事怀疑我的工作态度；至今，我坐在会议桌前就有乏味疲倦感，用苛刻的眼光去挑剔会议，对不少效率很低的会议连表面上都不愿维持。

将人、财、物、供、产、销列在表的纵向左侧，将责、权、利列在表的横向上方，对应的方面及关系一下子就显示出来了。然后再根据企业的实际需要对每个方面分层、分级、分类、分别对应关系。比如，人对应的责、权、利关系，纵向可将人按岗位细分若干层级，横向将责、权、利再切分不同条件下的要求，两方面的子项目一对应，就对应出从高管到普通员工的不同条件下的责权利关系。同理，销售及其他方面也是如此，销售建立几级网络，每一级对应的责、权、利关系合起来就是一个完整的销售管理制度，而且并不复杂。

这张表有两个用途。第一，企业在建立新的制度体系时，以此表为大纲，顺序展开子项目。第二，将已有的制度往这张表里去套，验证制度的完整性。

一个自己的、全体的、全面的制度，不一定是完美的制度，但一定是实用完整的制度体系。

轻松一下，看看外国的检查制度：

瑞士某人给居住在国外的亲戚写信，信尾不放心地嘱咐道："听说你们那里检查制度很严，盼你安全收信并及早回复。"过了一段时间，信又退到寄信人手中，上边附了一张条子："此信有中伤民主共和国的内容，不予投递。另外，我国并无检查制度。"

机制篇

让员工跑起来

○ 我曾在一家规模较大的民营企业担任集团公司总经理。期间，我通过组建集团公司，整合各公司的人财物行政管理关系，结合以往企业管理经验，与公司董事长及管理团队研究出台了一整套员工激励机制方案。

○ 想让员工跑起来，靠自己的两条腿还不够，还需要打造一辆车，装上四个快轮，让员工搭上车，跑得更快些。在多年的实践中，我设计打造了一辆这样的"薪股房车"四轮车。

○ 要想着让员工跑，你就得想着怎么对员工好。多年的管理实践与思考使我深深体会到，管理的方法有千千万，说到底还是人与人的相处，人心换人心。你对他好，他就对你好。你对他有多好，他就对你有多好。

○ 本篇就是研究如何对员工好的。好东西如何到手叫激励，好东西到手怎样保得住叫约束。激励与约束并举才是完整的机制。

○ 这一篇，是说给员工听的，同时也是说给高管们听的。

"四轮驱动"跑得快

——莲花集团员工激励机制建立背景及过程

全面分析——单一工资——独轮车跑不快站不稳——系统设计——薪股房车——四轮车跑得快——综合平衡——兼顾企业员工双方利益——整体出动——效应最大化

我曾在莲花集团公司担任总经理。这是一家民营企业，下面有七家子公司，在当地属于规模比较大的企业，以钢铁生产经营为主，同时还有化工、贸易等方面的业务，资产规模约二十亿，员工近两千人。与多数民营企业类似，由于下面的子公司发展历史不同，管理模式不统一，员工竞争激励机制不够健全。

为此，我用了一年的时间，深入车间班组，通过访问、座谈、问卷、开会等形式了解情况、分析现状，探究问题的根源，结合工作实际及过去工作中积累的经验方法，与公司的管理团队制订了这套员工激励方案，经过反复讨论修改，建立健全了集团公司员工竞争激励约束机制，并得以全面推广实施。

全面分析：独轮车跑不快站不稳

我初到莲花集团看到的实际情况是，人员流动太快，人心不齐不稳，员工打工心态明显。再看看工资水平也不低，平均略高于当地同类工种水平，在全国同行业中也不算低，一些特聘的中高级技术管理人员还明显高于地区和行业的平均收入水平。也就是说，集团公司付出的人力成本并不小，但得到的实际效果却不成正比。

从我对企业员工待遇的研究考察情况来看，凡是采用单一工资体制的企业，员工与企业的关系都很淡薄、脆弱。今天还好好的，明天就可能为和同事的一点别扭或不满公司的某种做法，扭头走人，因为他对企业除了工资以外无牵无挂。面对员工流失，企业的管理者只能很不情愿地不断提高工资。

如果企业和员工的关系仅仅是用工资单一地连接，那么员工就如同坐在独轮车上，跑不快且站不稳。看一下莲花集团与员工的关系，基本上就属于独轮状态。我的解决方案就是，再加几个轮子，形成四轮车，使这辆车跑得稳、跑得快。这也是我着手建立莲花集团公司员工激励机制的基本认识和出发点。

○ 黎明现企业

最有意思的是，每次到会议按议程要结束前，主持人总会客气一下征求坐在主席台上没轮上说话的人："来两句？"一般被问的人都会谦虚地说："不说了，没有准备。"如果主持人再客气一下："没关系，随便讲两句。"这时，对方就不客气了，随便讲了一大套并不随便的话。

这些年我有一个比较深的切身体会，如果用"工资"这一根绳子很难捆住人，即使不断加薪，这根绳子不断加粗，但问题是捆松了容易脱，捆紧了让人很难受，总之是个出钱不落好的事，难以解决长远问题。我想，如果用多个小绳子，多方向捆绑，如同渔网的原理一样，绳子细但结构密，柔软又结实。企业要塑造一个良性有效激励机制，不能急于在一夜之间用一根大绳解决全部问题，而应该进行系统设计，一针一线耐心编织这张网。

▚ 系统设计：四轮车跑得快

目前，地上跑得快的多数是四个轮子的车，一般情况下独轮车显然跑不过四轮车。要想让企业战车跑得快，四个轮子是最佳的配置。我们要打造的、员工所期盼的正是这样一部跑得快、跑得远的四轮驱动车。

我设计的四个轮子分别是：薪、股、房、车。薪，解决的是员工对现实利益的需求；车，按三年时间设计，解决中期问题；股，按五年设计，解决长期问题，寄托的是员工对未来的愿望；房，可按八年设计，解决远期问题。"薪股房车"既有眼前摸得着的利益，又有未来发展看得见的希望，既有里子又有面子。

基于这样的设计思想，我分三步做了五个子方案，组合创

建了这套整体员工激励机制（具体单项方案详见随后专题章节）。

第一步，制订员工层级管理方案，主要是给每个人定位定号。过去，如同大家在操场上看电影，有空就座，谁坐到哪儿就是谁的位置；现在，要把大家都带进一个大礼堂，人手一张票一个标准号，各就各位，这是整体设计方案的基本秩序。座位号标准了，后面的各项方案才可能在这个标准体系进行。这一步重在解决基础问题。

第二步，制订员工薪酬管理方案。将新老工资薪酬体系合二为一，按照新的座位号，建立明晰的薪酬结构体系，人人心里有底，基本保障有了，心就稳了。随后接着出台购车、用车管理方案，这一步主要解决当月当前的问题。

第三步，制订住房及期股、期权方案。这一步着眼解决中长期问题。

企业从小规模到大规模，从眼前利益到长远发展，这是一个大的跨度，要让员工真正融进来，要考虑长久的系统的解决方案，让员工从独轮车换乘"四轮车"，企业则从里到外紧紧包裹住了员工整个身子。也只有在这种状态下，员工与企业才可能紧密结合为一体，员工才可能逐步消除打工心态，企业里才可能没外人，人人为企业着想、使劲。

○ 黎明观企业

会，集中会面；议，讨论商议。合起来的意思是集中商议。在我看来，这些只是解释了会议的表面形式问题。会，不是目的；议，也不是目的。会议最终的目的是要"决"，会议对一件事情一定要"决定"。

综合平衡：同时兼顾企业与员工的利益

看了以上的思路方法，也许会有人不屑一顾甚至嗤之以鼻，拿着企业的钱使劲讨好员工谁不会？实际上，我对这个问题早有考虑。这些年，我做企业管理的体验是，能够有效实施长期执行的管理方案，一定是企业能承受、员工能接受的方案，单独偏向哪一方，这个方案都站立不起来，支撑不了多长时间。

企业与员工的利益都得维护。有的企业制订的激励方案，看上去企业很大方，让员工激动一时，往往是阶段性、情绪性的产物，没有后台系统支持，常常昙花一现。有的企业将员工喂饱了，但成本加大了，企业挨饿了。锅小了，最终员工的碗里也多不了。为此，需要解决好下列问题。

企业的利益需要维护。薪酬，不能简单地讨好员工，企业把路拓宽了，员工自己能跑多快、走多远、挣多少，最终还得看自己的努力程度。比如汽车改革方案，看上去公司付出的不少，实际上员工先把一半付出了，公司给的另一半按月发，分三年付，中间员工若出了问题，整个就黄了，车开不走。这不是暗中算计员工，而是在明确警示员工，大家捆在一起了，只有齐心协力才能实现共同的利益。期股、期权的设置原理同样如此，公司出政策，承诺的未来预期，员工得先拿出钱。房子，干不到一定年限享受不到其中的福利。整体算下来，员工

心甘情愿先掏一部分钱交给企业了，企业现金增加了，管理成本降低了，员工对现在有信心，对未来有希望，干劲更足了。

激励与约束并举。有奖就得有罚，干好了，层级上去了，"薪股房车"的待遇都跟着上，干不好都得跟着下，出问题了前功尽弃。员工犯错误或辞职的成本加大，自律性自然也就加强了。

法制化保障。公司与员工所签订的协议，需经法律顾问审核，要具有法律效力。一方面让员工定心，一方面保护企业的合法权利。今后企业的高管可以变，但协议不能变，双方都公平。

▄▃▂ 整体出动：效应最大化

为了让员工能直观看清自己各个时期的利益，我专门制作了"莲花集团公司员工（薪、股、房、车）综合收益（模拟测算）表"（见下页）。

每个员工从这张表中，很容易查找出与自己利益相关的数据。直观的利益会让员工心动。

"薪股房车"是一个系统整体，是在建造一部机器，不能零

○ **黎明现企业**

> 居高临下是上级对下级的基本心态与架势，上级安排事情一般都说不完、不说透，让下级去猜。时间长了，能猜会猜的人逐步占了上风，能干会干的人渐渐远离上级的视线。下级安排上级的指示时，会猜上级的喜好，有选择地增减伸缩；下级在汇报工作情况时，先猜上级喜欢听什么，然后加工选择投其所好。

莲花集团公司员工（薪、股、房、车）综合收益（模拟测算）表

级别	层级	管理岗位	生产技术岗位	专业技术岗位	专业职称岗位	定向签约岗位	薪酬 共5档	期股标准 月补	车补标准(油补+购车补) 月补	月补	小计	房补标准 月补	薪、股、房、车月合计 1档	2档	3档	4档	5档
高级	1																
	2																
	3																
	4																
	5																
中级	1																
	2																
	3																
	4																
	5																
初级	1																
	2																
	3																
	4																
	5																

机制篇

让员工跑起来

敲碎打想好一个出一个，别人看不到全貌，搞不明白，怎么接受？因此，我将各个分支方案经过讨论并确定下来，然后再整体出台。将方案印成资料手册，用一段时间让大家消化弄懂。我还专门制作了相关课件到各分公司现场培训，解惑答疑，在此基础上统一组织实施落实。

从初步的结果看，这套方案触动了每个员工的神经，大家认真学习，热心讨论，相互打问，反复测算。想干的人清清楚楚我干好了能享有多少待遇，不想干的人会算算我干不好或辞职的成本代价有多大，再去一个企业能不能挣这么多。外面想来的人，看一看，算一算，心里也就有个五成的判断。我看这就是效果。

在这里，我介绍的是一套实际的管理方案，这套方案只能适应特定的企业情况，因为这套方案是在对这个企业进行大量的调查后有针对性设计的，是一步步讨论、制订、修改、完善的，不能简单套用到其他一个企业。我希望这套方案的价值思路大于方法，不管应用在哪个企业，最终使员工能够真真切切地产生物质利益的触摸感、综合价值的荣誉感、未来发展的追逐感，员工在不知不觉中一点点地自然融进企业中来。

○ 黎明观企业 ————————————————————

> 责权利不清，部门之间横向之间就得推责、抢权、争利。各有各的一摊，各有各的权力、利益。谁的地盘谁做主，这也是潜规则。职位、部门之间会自动划出界线形成小团体，总在算着自己的小账。每一方都会本能地将权利往里扒，将责任往外推，将中间的隔离墙越垒越高。

（本篇采用工作方案介绍分析的方式，有的直接将原工作方案附上。同时考虑文字量、排版限制等因素，对一些不影响表现结构的表述文字做了省略或说明，一些表格采用简化示意结构）

轻松一下，看几百辆车都在逆行：

丈夫驾车出门。妻子在家听广播，听到一则报道，妻子连忙拿起电话。

妻子："老公啊，我刚听广播上说，高速公路上有一辆车在逆行，你千万要小心啊。"

老公："哪是一辆啊，我看有好几百辆车都在逆行。"

机制篇

让员工跑起来

大道小道通山顶

先让员工静下来——对号入座——再让员工动起来——向上攀登——路路通——打开行政职务通道——打开技术职务通道——打开资历通道——打开层级上下通道——有奖有罚

莲花集团公司的前身是七家独立公司，我做的第一件工作就是将七家分公司近两千人捏到一块，组建集团公司。各分公司的历史不同，行业各异，管理模式不一，人员构成复杂。若将这些人有序地组织到一起，就需要建立一个标准体系。于是，我在借鉴以往工作经验的基础上，首先拟订莲花集团公司员工层级管理方案。这个方案要集中解决两大问题：先让员工坐下来，再让员工动起来。

○ **黎明观企业** ────────────────────────────

会场不设主席台，不说话的人别坐主席台，说话的人站着说话，腰不疼，底气足，不说废话，去掉帽子（感谢）的话，时间短就站得住。

对号入座静下来

第一项工作就是怎么整合这一摊子，怎样将七家分公司纳入到一个组织体内。这项工作相对比较常规，主要是通过发行政文件来安排，无非就是涉及到人财物管理的收权、授权方面。由于企业的股权高度集中，行政文件的效力没有打折，很快得到贯彻实施。

员工归位的具体办法是，通过分级、分层、分档的途径来解决。先给每个人安排了一个标准座位。就像大家从不同方向来到礼堂一样，每个人都持有一个座位号，对号入座。这么多人，先各就各位坐下，整体秩序就不容易乱了。

方案将现有人员全部按统一标准分三级十五层，使全体员工各就各位，对号入座，有利于今后分类、分级、分层、分别有序管理，同时也为今后新入职员工制订了标准座位。

从技术角度看，员工层级设置面要宽，座位要富裕，为两方面做准备。一方面为容纳当前员工留有伸缩的余地，一般来说，历史遗留问题总有特例，不能进入常规渠道，处理这类问题就需要有单独的空间。另一方面，要为今后的发展留有足够的余地。发展是个动态过程，我们建造的"礼堂"要宽要大，一方面给员工安排座位，另一方面还应该让员工有挑选座位的余地。

向上攀登动起来

第二项工作，就是要防止员工一屁股坐下不动，要让员工按一定的规则进行变动，这就是我们比较熟悉的员工能上能下、能进能退的管理方法。其核心是打破行政为主体的层级结构，在与行政结构的平行设置了与供产销有关的专业岗位。这样可使每个人在自己的专业岗位上，都有可能超过行政管理人员的待遇。只要向上攀登，路路都能通山顶。也就是说，要在一个方案中同时解决座位、移动、上下、动静的关系问题，所以我把这个方案形象地概括为：大道小道通山顶。

设置多渠道、升降渠道的想法来自我在实际工作中的体会。企业比较多的情况是基本沿袭行政职务为主体的单一升降通道，也就是常说的"自古华山一条路""千军万马过小桥"的情况。搞技术生产的优秀专业人员，如果要向上走，首先得进入行政体系，头上戴个官帽。结果整下来一堆官，不善于行政管理的人勉为其难地做着很不专业的事。有的企业搞了一点技术类职称待遇，但还是走了

○ 黎明观企业

机关在起草文件时，为有效防止自身可能的责任，会放大指令信号，把简单的事情说得很全、很大、很玄乎、很啰唆，将来一旦发生问题，一查文件，看，我该说的都说了吧？反正我没有责任。这些文件管个十年八年都正确，都不用起草人负任何责任。

机关的老套子，凭职称、看学历、论资历，换汤不换药，解决不了全面的问题。

纠缠在企业里的官本位体系，主因还是在于行政部门和国营企业的强势影响，控制着企业的外部环境。企业内部的官本位形成，有历史、有现实、有无奈等各种成分。但无论如何，企业不能跟着行政走，民营企业不能跟着国营企业跑，官本位的体制成本代价是民营企业负担不起的，只有勇敢地跳出来才可能生存与发展。

我们民营企业是干什么的？是创造效益的。我们又不受编制指标的限制，为什么就不能给自己多开几条渠，多修几条路？这么前后一想，其实这些问题并不复杂。原来是我们自己跟自己过不去，现在根据需要在过去的基础上新开辟几个渠道就能解决很多问题。官位体系还存在，但它不是唯一的主渠道，而是多条并行的渠道之一。这样的改变使行政的味道减少了，企业的味道增加了；国营的味道减少了，民营的味道增加了。

基于这样的认识，我逐步摸索了下面这个方案"莲花集团公司员工岗位层级表"。其横向将所有员工串联、归纳于一体，纵向使每个最基层的员工都有多条可能的通道上升到企业的顶端。

莲花集团公司员工岗位层级表（示意）

级别	层级	行政岗位	生产技术岗位	专业技术岗位	专业职称岗位	定向签约岗位
高级	1	董事长	高级技师	高级销售经理、采购经理	国家机构颁发认可的经集团公司聘任上岗的高级专业技术职称、职务	专家顾问
	2	集团公司总经理				
	3	集团公司副总经理				
	4	集团公司总工程师、各专业总监				
	5	集团总经理助理、分公司正职				
中级	1	分公司副职	中级技师	中级销售经理、采购经理	国家机构颁发认可的经集团公司聘任上岗的中级专业技术职称、职务	专家、工程师
	2	集团公司机关部门正职、分公司助理、分厂正职				
	3	集团公司机关部门副职、分公司机关部门正职、分厂副职				
	4	集团公司机关部门助理、分公司机关部门副职、分厂助理				
	5	分公司机关部门助理、车间工段正职				
初级	1	车间工段副职、各级机关主管	初级技师	初级销售经理、采购经理	国家机构颁发认可的经集团公司聘任上岗的初级专业技术职称、职务	技术员、技工
	2	车间工段班长、各级机关主管				
	3	车间工段副班长、各级机关主办				
	4	车间工段工人、各级机关主办				
	5	车间工段工人、各级机关办事员				

这张表上下左右是对等的、畅通的，左右可以兼职，上下可以升降。一个年轻员工在左边的行政序列里就是一个小小的办事员，但并不妨碍他到旁边的生产技术等序列里发展自己的长项，争取相应的职务待遇。这个办法设置的核心目标在于给全体员工提供现实的多渠道上升空间，尤其注重给基层青年员工预留发展空间。

与此同时，在具体实施中，围绕企业的效率与效益这个中心点，对行政职务、技术职务、资历方面做了较大政策改动，打开了多条上行通道，制定配套了相关制度措施。

一、打开行政职务通道

以往管理人员基本上都是按照行政职务序列论资排辈，每个人的上升渠道只有一条，而且常常受到编制、职数的限制，影响了多数员工向上攀登的积极性。

此办法中设置了五类岗位十五个层级，将所有人员都包括进去。其中每个人都有权力选择进出，提倡一人兼职多岗，待遇就高不就低。不比资格比贡献，允许职员比部门负责人的工资高，允许下级比上级收入高，每一类人都有上升的通道或其他通道进出，上不封顶。从可能性讲，每个人都有通道可能攀上总经理的待遇。

二、打开技术职务通道

将技术职称的评定与技术职务的聘任分离。区分两种情况处理：

第一种情况，员工本人具备了国家相关机构考核发证的技术职称，只说明本人具备了某种专业技术任职资格，但不能与企业岗位职务直接挂钩。员工的岗位技术职务由集团公司根据实际工作需要聘任后方能生效。

第二种情况，员工由于学历等条件限制没有取得国家专业技术职称，但在集团公司内某个专业技术领域有创新发明，为公司作出了突出贡献，经公司聘任同样可以享有相关专业技术职务称号及岗位待遇，体现现代企业的效率、效益原则。

在这里需要特别强调的是，对没有职称学历的员工，技术职务的评定一定不能再按照行政系统传统方法进行，仅仅是把学历职称条件放低一些，评定的方法仍然是学历、职称、资格、年限，这样做实际上换汤不换药，对企业的实际作用并不大。我的主张是，干脆颠倒一下程序，对这部分员工直接先聘用上岗，然后再按实际岗位授予同等的专业技术职务。聘用上岗的唯一标准就是实际的贡献。对于一个有绝活的电焊工，能把别人干不了的活干了，就应该给人家高一级技术职务岗位；一个电工能解决高级工程师没解决的问题，这个电工就可以拿高级工程师的岗位工资。至于聘用谁到哪一级岗位上的问题，集团公司只是进行宏观指标控制，其余的事

○ **黎明现企业**

主持人一般不要插话，那样不礼貌也容易打乱发言人的思路；也不要一个人发言之后，重复总结恭维一大堆，最后一算时间，主持人说的最多。

情都交给基层的厂长、车间主任去完成，最近的人管最直接的事最有效。

企业完全没有必要受行政化技术职称的限制，社会各界有专业职称的贤能企业需要容纳，企业自身同时也要造就各类自己的专业技术人才，有能力、有贡献的员工完全可以晋升到高级技术岗位，享受高管人员的待遇。因此，将以上两种情况结合起来，才可能做到人尽其才。在民营企业里，大幅度提拔任用没学历、有能力、有贡献的员工，更具现实意义，更能体现企业创新务实的精神。

三、打开资历通道

供销是集团公司产生效益的起点和终点，也是重点。专业技术岗位的设置重在体现效率、效益方面，给那些没有行政职务，也进入不了生产技术、专业职称职务的员工设置一个通道。

专业技术工作岗位可根据集团公司在今后发展中实际需要增加或减少，总的原则是让有能力、有贡献的人都有用武之地。

在这个通道里，不论年龄大小、学历高低，不论资排辈，都按成本控制、销售实际业绩进行专业考核。谁跑在前面，谁创造的利润多、贡献大，谁的层级就高，谁的收入就高。

四、打开层级上下通道

所有的通道都是引导大家向上走，但所有的通道都留有下行的梯子。也就是说，每个人的层级表明的是一个时期内

自身的业绩，是相对稳定的，但不是长期固定的，更不是只上不下的；今后通过绩效考核，不断有上有下，应该保证多数人上行，少数人下行；短期没有业绩的要下行，长期四平八稳没有错误也没有业绩的也要下行。总的目标就是力图营造一个健康的、坐不住的、向上攀的机制氛围。

轻松一下，咱们到大礼堂去看一部世界最佳电影：

以下这部影片将获得奥斯卡所有奖项。

一个男孩赶到机场去追离他远去的心爱的女友——浪漫爱情片

男孩赶到了机场，飞机刚好起飞，男孩绝望地望着天空，黯然神伤——悲剧

愤怒的男孩无处发泄，拿起一块石头向天空扔去——暴力片

石头打中了飞机——喜剧片

飞机玻璃被击碎，准备迫降——灾难片

飞机在离悬崖两厘米处停住——惊险片

警察开始追捕肇事的男孩——警匪片

○ 黎明现企业

将可有可无的部门岗位精简精简再精简，人少了，责权利明摆着，权利小不了，责任赖不掉。对这方面，我有一个深刻的体会，扯皮，那是因为人太多；是非，那是因为闲得慌。

"薪"鲜活泼

薪酬——劳动的报酬——买卖双方的公平交易——薪要够——市场定标准——薪要鲜——按时发——薪要清——工资奖励不掺和——薪要细——一口价不可取——亲兄弟明算账

工资，我们都比较熟悉，过去还习惯叫"死工资"，是从"大锅饭"里盛出来的。后来随着市场经济的发达程度，员工的工作报酬越来越多，越来越细，加上合理避税的需要，很多支出不在同一科目，项目多了，叫法也从中国的"薪水"顺水推舟到了"薪酬"。

我查了一下教授的著作对工资薪酬关系的论证很详细，区别大致说，工资是对应蓝领的劳力者，薪酬是对应白领的劳心者，除工资之外还有股权、奖金、假期等所得。总的意思是说，薪酬包含的内容要比工资多一些。我理解的薪酬概念，窄一点说就是现金报酬，宽一点说就是员工为企业劳动换取的相

对应的总的报酬，报酬中有工资、奖金、福利、休假、股权，再加上企业荣誉光环辐射及其自己感到的荣誉，就形成总的回报，也就是员工在企业能得到里子的、面子的总收获。

自从薪酬概念引入企业管理以后，所产生的影响是积极健康的，企业与员工有了更多的联结点，关系更加牢靠。很多优秀的企业设置专门的管理机构，将薪酬管理作为一个专业进行研究，制定激励与约束机制，促使企业迈上更高一级台阶。同时，一些企业对薪酬的运用走向另一面，用薪酬的综合概念，掩盖了薪酬中最为关键的一项，这就是工资。换句话说，就是对不发钱的事怎么许诺都行，就是不好好发工资，或者做一些小文章，发出的工资也让员工心里不畅快。

薪酬，无论怎么定义、怎么说，都离不开钱。钱，都离不开现钱。现钱，都需要按时发到手。这些要素，基层普通低收入员工更是看在眼里，急在心上。

我的体会是，薪要够，薪要鲜，薪要细，薪要清。

○ 黎明观企业 ————————————————————

　　办公，忙忙忙，接不完的电话，见不完的人。会议，心血来潮想哪儿说哪儿，不说累不散会。亲友，面面俱到，面面俱不到。公私分不清，上班干私事，完不成任务；下班凑合公事，辛苦挂嘴上。晚上喝酒说上班的事，白天上班还在说昨晚谁的酒量大。这就是我对管理机关里没有条理的忙人的素描。

薪要够

我这个说法可能会把企业老板们吓一跳，人心无底蛇吞象，钱这个东西谁不想多多益善，再大的企业也不敢说你要多少就给多少。这只是表面的意思，实际上企业与员工的关系就是买卖关系。这个"够"是指价格要谈拢，价格是双方的事，谁都不想吃亏，但最后能成交，谁也都得让半步。这个"够"与"不够"，企业老板和员工谁说了也不算，实际上是市场价格说了算，是市场的供求关系说了算。

现在的员工一般都会有较多的工作经历，正面的、反面的经验教训使他们会变得很现实、很谨慎。他们对眼前的利益非常看重，这是正常现象，因为他们每个月的消费单都在排队等着支付呢。我们企业只能顺着走，不能倒着来，也不要抱怨他们觉悟低。员工心里有一本最清晰的账：总收入实际得到多少，实惠不实惠，干了多少天能休息多长时间，总的出了多少力，得了多少钱，发的工资、奖金、实物、福利，扣的罚款，今后可能的预期及折扣，这些往一块一算，清清楚楚。

所以，企业掏不够钱，就招不来高价的人；企业掏不出足够的钱，想要的人不来，可有可无的人来了一大堆；企业掏不出足够的钱，一开始就失去主动选择的地位。

机制篇 让员工跑起来

薪要鲜

说的就是"按时发工资"这一个简单问题，但在实际中往往却弄得很复杂。企业每月需要付出去的钱很多，有受制于别人不按时付出会损失更大的钱，如不能不付的银行利息、最后避不开的那些税、求大于供的货款等；有能制约别人能拖则拖弹性的钱，如供大于求的货款。那么，员工的工资发放算是刚性的还是弹性的？在我的眼里当然应该是刚性的，但在不少企业里常常变为弹性。

有的企业喜欢算小账，到月底钱不够了，首先想到的是把工资压一压，这还算是正常的。不正常的是，有时钱够了也不情愿按时发下去，心里的小算盘无非是：资金无息占用，欠钱有理，占据主动，你不能说走就走。这是小账，可大账是什么？在我看来大账是信任，不按时发工资首先是违约了，造成员工生活的不稳定、心态的变化，对企业来说是一笔小钱，对全体员工来说是众人心。员工每月就靠那点钱维持日常生活的费用，员工需要的是现钱。工资不及时发放，在员工的内心就是对所有教育、制度、感情的一票否决。

有钱一定要按时发工资，遇到资金困难时也应向员工说清、说情，因为那是企业在向员工借钱。

○ 黎明观企业 ────────────────

我们民营企业面对的是"官强民弱"的窘境。民营企业头上的官很多且说不清，来无踪、去无影。官，处于主动优势地位，民，处于被动劣势地位，本来就没有对等的接通渠道。

为什么要细，这对劳资双方都是敏感的切身利益问题，分毫不差才对，仔仔细细，明明确确，有零头才真实可信。企业里常见的问题是"一个数"，等到发生问题，纠纷双方都很麻烦，而且按现在的《劳动法》规定，一般纠纷处理下来，企业总是得不偿失。

当然，还不是这么简单。细，本身是逐项渗透管理的理念措施。下面我就用自己曾工作过的这家钢铁公司的薪酬结构设置来分析说明这些问题。为分析方便起见，在方案中我将说明解释部分直接放在每项后面。

莲花集团公司员工薪酬管理方案
（模拟示意简版）

薪酬是指用人单位以货币形式支付给员工的劳动报酬，一般应包括岗位工资、社会福利、绩效考核、奖惩等项目，即各项收入。莲花集团公司员工薪酬由以下八项构成：

岗位工资＋本公司工龄工资＋培训工资±考勤结果＋地区生活补贴＋社会保险±绩效考核工资—个人所得税

（表中数学符号"＋"表示增加，"－"表示减少，

"±"表示增加或减少）

一、岗位工资

是指员工所在岗位的工作价值。岗位工资按照公司分级、部门分类、员工工作岗位分职务、层级进行设置。

（生产型企业需要分类设置控制）

二、本公司工龄工资

指员工在莲花集团公司各控股公司范围内连续工作年限补贴工资。

本公司工龄满一年工龄工资___元。

（本公司工龄工资，指在本企业连续工作时间，鼓励员工长期服务）

三、补贴工资

补贴工资是对家在外省市员工的地区差生活补贴费。

1. 外省市员工条件界定：（1）已婚员工配偶及子女在外省市；（2）家庭住房在外省市；（3）具有外省市工作经历。

以上三个条件需同时具备才能享有相关生活补贴。

○ 黎明现企业

老板可以自己做一个实验：在一张白纸上从中间画一条线左右分开，左边写上"员工是朋友来帮助的"，右面写上"员工是打工来挣钱的"，然后你分别在下面找他们的好与不好，最后你会发现左面"朋友员工"的好要比右面"打工员工"多。同样的对象没有变化，角度变化，感情会跟着变，距离也跟着变。

2. 外省员工生活补贴

（1）高级员工：每月补贴基础（高级5层岗位）＿＿＿

元，向上一层级增加10%；

（2）中级员工：每月补贴基础（中级5层岗位）＿＿＿

元，向上一层级增加5%；

（3）初级员工：每月补贴基础（初级5层岗位）＿＿＿

元，向上一层级增加2%。

3. 外市员工生活补贴

外省同层级员工补贴标准的30%。

4. 对在艰苦、特殊地区工作员工的生活补贴

（1）天元（含办公区）、罗山地区每人＿＿元/月。

（2）伍勇地区每人＿＿元/月。

5. 交通、通讯、住房补贴（按单项规定执行）

（以上将企业相关的支出都摆在明处。对外省市员工补贴放在明处，也是吸引人的方法之一。企业越做大，需要外面进来的人就越多，需要通过制度化途径解决）

四、培训工资

担负公司各类培训、师傅带徒弟等项工作的报酬。

（培训补贴，政策制度化、经济化）

五、考勤工资

员工个人当月出勤的实际情况。

让员工跑起来

六、社会保险

国家规定的养老、医疗、失业、工伤、生育保险。集团公司承担企业缴纳部分，个人承担个人缴纳部分。

（将企业暗付的变明账。社保，实际上是单位出一部分，单位替员工垫支一部分并从工资里代支代扣，很多员工往往没搞清关系，总觉得是公司把自己的钱扣走了，拿到手上的太少。把这些都放到明处，告诉员工公司支付给你的是多少，只是这一部分没有到工资账户，而是转到你另一个账户上了）

以上为基础工资部分，应按月按时发放。

七、绩效考核工资

根据工作成绩效能对员工进行的经济奖惩。按照薪酬绩效考核办法，由各公司根据不同绩效考核制订具体考核方案，报集团公司审批后分别实施。

高级管理人员的绩效考核工资实行年薪制。按月平均发60%，剩余40%到年底总结评议之后根据实际情况发放。中级及中级以下绩效考核员工按月发放绩效考核工资。

（高管人员需要对全年工作负责，他们的基础工资高，每月发60%的绩效工资，不会影响到基本生活。中级以下员工对每月工作负

○ 黎明观企业

我们伟大的祖先造就的悠久的历史，给我们留下的更多的是思想的判断，比较少的是数字的推理。用通俗的话说，就是我们的民族偏重于文科，我们的思维感性成分多。

责，需要按月发工资）

管理岗位普通员工的绩效考核工资以部门为单位，将所属员工工资总额交给部门，负责人在员工个人绩效考核工作标准范围，根据每月实际工作情况，在___元以内上下浮动，差别发放。

生产一线员工的绩效考核工资应以吨产品计量当月核定发放。

八、个人所得税

国家规定的个人所得应缴纳的税金。

（个人所得税，是国家的规定，合不合理是国家的事，企业管不了国家；交不交税是个人的事，国家管得了个人。在这里企业需要明文给大家说清楚）

薪要清

一般来说，薪酬应由两部分组成，一部分属于固定基本保障部分，一部分属于可变考核部分。不少企业模糊的做法是将基础工资分为两部分，然后规定一个比例拿出来考核，合格的拿全工资，不合格的扣钱。这样的方式看上去比较合理，实际中我发现存在着以下这些问题。

首先产生的问题是，员工心里不舒服，对考核产生抵触情绪。员工看得很明白，这工资"死活"都是我的，你凭什么拿

我的钱来考核我？同事、上级都不好意思打分、扣分，都知道那本来就是人家的。绩效考核，把岗位工资拿出来，给了员工的名，偷了员工的实，仔细算一下没省几个钱。数量小，拉不开距离，最终考核还是走形式，回到实际的平均主义。

第二个问题是，将考核建立在惩罚的理念上，考核全是倒扣分，即使干得再好，也都有扣罚，干得没错不扣，干得再好不奖。一个月一年干下来一总结，缺点是我被扣了多少，优点是我比别人少扣了多少，脸上都是灰秃秃的。

死的就是死的，活的就是活的。死的固定部分要解决的问题是干不干的问题，活的考核部分要解决的问题是干好干坏的问题。如果这两者关系模糊，处理不利索，结果就是我们常见的"干与不干一个样，干好干坏一个样"。

基本工资是员工从事基本岗位的基本收入保障，只要能够按时按质按量完成岗位工作任务，就应该得到这些基本的报酬。只要按时按点完成指定的工作量就行了。我主张绩效考核工资与基础工资别掺和。

绩效考核工资要作为单独功能来处理。绩效考核要建立在鼓励的基础上，是在基本工资之外对更优者的鼓励。干不好，奖别人不

○ 黎明观企业

> 不在理的东西员工是不理会的，人家不在乎，人家不上心，人家不按时，人家动不动辞职，人家不愿来，人家不搭理，你去管谁？不被多数员工理会接受的理，就需要管理者自己查找内在的原因了。

奖自己，或奖别人的多、奖自己的少，就是不同程度的惩戒。怎么奖？奖多少？绩效工资不事先说话，事后算账，干出来多少就奖励多少。这才是绩效考核的本质所在。

也许我们将工资叫薪酬，将发奖金叫绩效考核，是不是把事情弄复杂了？过去的工资加奖金反而显得简单明晰易操作。

轻松一下，听听这位经理招聘员工的标准：

某电脑经销公司经理来到人才交流中心，工作人员问他想招聘什么样的人才？

经理说："希望能像CPU一样勤奋工作，最好还能超频，像鼠标一样机灵多智，像键盘那样一触即发，对待客户要像显示器一样面面俱到，对待工作像打印机一样一丝不苟，对待公司老板像主板一样兢兢业业。"

"那么他的薪水呢？"

"最好能像电脑那样不知疲倦，不计报酬。"

机制篇

让员工跑起来

房车不是梦

房子——建房——购房——助房——车子——卖公车——买
私车——私车公用——两全其美

房车，是当下富人移动的标志，过去只在电影上看到，现在偶尔会在马路上看到。对于大多数还称不上富人的人来说，房车也许离得很远，但对于一小部分人来讲也许不远。这个时代什么都有可能，就像二十年前，我们谁也没有奢望私家车一样，今天，汽车已成为部分家庭的现实成员。

这里想谈的问题只是借用房和车的字面，引入一个员工管理中

○ 黎明观企业

从企业管理角度看，我们要对员工进行有效管理，至少我们企业应该形成买方市场，按通俗话说，就是要让员工有求于企业才行。一大堆人排在你公司门口，你才能选呀拔的。相反，若没人来，你选谁去？

最为密切的"房"和"车"的问题。想一想一个人所有抽象的奋斗目标，最后都会形象直观地落实在这两样东西上。"房"解决了里子问题，"车"更多地解决了面子问题，对于多数人来说，里子面子基本上就解决了所有的问题。

我们企业管理者，如果能有效地帮助员工逐步实现这两个目标，员工还舍得轻易跳槽吗？至少，能让他们看到希望，对多数员工来说，房和车离他们都不远；对高层管理层来说，那又高又大的房车也许不是梦。

当然，这两样东西越来越社会化、市场化，并不是企业自身能独立解决的。不过，办法还是有的。

ⅠⅢ. 房

安居乐业是人们基本的生活要求。住房的社会化，不代表企业就可以完全不去管这件事。当然，不管不犯法，员工也不能强求企业做什么。但如果你能在国家允许的范围内，主动帮助解决员工这个"天大"的事，从激励的角度看，所产生的能量是巨大的。

住房社会化了，对普通员工是巨大的难题，企业通过一些可能的途径，帮助员工解决一部分问题，对员工来说，无论内心还是行为都是长远有效的激励。在我的工作实践中，一般采用建房、团购、助房的途径来帮助解决这方面的问题。

建房，适合远离市区独立的大型企业。我工作过的莲花钢铁集团公司就属于这种情况，企业手上有地，员工比较集中，住房条件要求不高，可建普通房、周转房及配套生活区。员工住房建设是集团公司考虑员工长远利益的重大福利与激励项目。

在集团公司购买的商业用地上规划设计职工住宅，在征求广大员工意见的基础上，确定各类户型，集团公司统一规划组织建设，建好后收取成本，分配入住。员工住房建设要符合国家政策，要在国家规定的程序内运行，使员工最终能得到国家颁发的商品房产证。

按照员工层级，由上至下确定资格、面积及选房顺序。住房政策向在本企业工作时间长、贡献大的一线员工倾斜，向吸引人才、留住人才、激发员工积极性方面倾斜。

团购，这种方式适合中小城市的中小公司。企业统一组织，将零售业务转成批发业务，员工少掏钱，开发商也乐意，这也是社会普遍采用的方法。

助房，在大城市的公司以上两种方式都不适合，建房不可能，团购也行不通，住房是很个性化的问题，城市太大，大家不可能都

○ 黎明观企业

管理与被管理的关系，无论说得多么复杂，归根结底都是人和人相处，真心诚意是个基础。一般来说，企业管理者都是大个子，处于强势位置。大个子对小个子的管理，说到最后并没有万全之策，但有一样我觉得是管用的——从里到外对他好，你对他多好，他才可能对你有多好。

买到一个区域一个小区里。我在这里琢磨"助房"的概念，不用多解释，就是企业根据自身情况，对不同层级员工实行差别化力所能及的帮助。

帮助的方向无非就是员工租房和购房，可以采用借款和补贴两种渠道。比如，对新员工租房每月借一点，在本公司工作时间满一年开始补一点；对老员工分层级借、补结合；对公司骨干人才、高管买房，公司担保贴息贷款。这几种方式对一般正常运营的公司来说，应该能承受，支付过程是分散的，平均数量不是很大。

当然，我这个思路不是共产主义人人有份，企业需要设置很多条件，才能有效有序地控制。

‖‖ 车

车，私车公用已是大势所趋，必要性没什么可讨论的。但私车怎么公用，公与私之间的关系怎样在滚动的车轮之间找到平衡？每个企业都面临自己的具体情况与适度的选择。

下面这份方案"莲花集团公司员工车辆管理方案"，凝聚了我多年的实践思考，是多项实践方案沉淀下来的比较全面的实用操作方案。其中的方法不见得适用其他企业，但我相信其中的思路会得到一部分人共鸣。

莲花集团公司员工车辆管理方案

（模拟示意简版）

为充分调动广大员工爱岗敬业积极性，为员工创造良好的工作生活条件，根据莲花集团公司员工激励计划制订本方案。

一、公司现客用车辆的处理

公司除留用大车以外，小客车全部出售。

公司留车：大轿车、中巴车由集团公司统一管理使用。集团公司、豪盛、天元公司各留一辆越野或商务接待用车，日常由各公司办公室管理，集团公司或各公司遇重大接待车辆不足时，由集团公司统一调配使用。

个别部门、个别车辆若条件不成熟，经集团公司批准后可暂时不执行本办法，继续沿用老办法。

其余公车统一评估作价，按低于市场价5%的价格优先卖给本公司符合购车条件员工；在本公司工作时间长、对公司贡献大的一线车间负责人有优先购买权；公司员工选择剩余的车辆可向社会出售。出售资金作为本办法车价、车费补贴资金。

○ **黎明现企业**

企业与员工的利益都得维护。我们有的企业制订的激励方案，看上去企业很大方，让员工激动一时，往往是阶段性、情绪性的产物，没有后台系统支持，常常是昙花一现。有的企业将员工喂饱了，但成本加大了，企业挨饿了，锅里少了，最终员工的碗里也多不了。

员工按本条购买公司处理车辆，不影响员工按本办法购买新车的待遇。

二、员工购买新车（旧车加入）

1. 员工购买新车（旧车加入）须填写《莲花集团公司员工购车（加入）审核表》（附件一），由集团公司总经理办公室统一审核批准后方可购车（加入），未按审核程序购买（加入）的车辆，不适用本办法。

2. 新入职员工符合购车（加入）条件者，实际购车（加入）资格需在公司工作满＿个月后生效。

3. 购买新车。员工自主决定车辆品牌和购买厂商，购车并办理完毕入户手续后，持车辆全部手续原件及复印件一套，到集团公司办公室签订《莲花集团公司员工车辆购买使用协议书》（附件二），办理相关车辆备案、抵押及补贴手续。

老职工除本公司内部拍卖车以外，不允许购买二手车。

4. 旧车加入。符合购车条件的新入职员工，若本人已有私车，可申请加入公司私车公用体系，此后各类程序与购车程序一致。须满足以下条件：

（1）本人为车主。

（2）按车当前市值（中介机构评估）计算车价，超过本人职务标准以上车价按本人标准执行，低于本人职务

标准车价按实际价格计算。

（3）本人与公司签订购车（加入）协议，享有其中权益并遵守相关要求。

5.驾驶证。中级（含中级）以下员工购车（加入）本人须有合格驾驶证。

高级员工本人没有驾驶证，在购车（加入）范围内，经申请审批后，可按规定的条件购车或旧车加入。须具备以下条件：

（1）被公司聘任为在职高级管理岗位人员。

（2）本人为车主。

（3）上下班乘坐；工作不派车，公司不配司机，个人须聘请具有合格驾驶证者开车。

（4）本人与公司协定购车（加入）协议，享有权益并遵守相关要求。

6.夫妻同在本公司，两人条件不能叠加，但可同时按购车（加入）或不购车（加入）员工享同类同级车费补贴。

7.车辆在抵押公司期间必须按照公司规定，由集团公司统

○ 黎明观企业 ————————————————

企业完全没有必要受行政化技术职称的限制，社会各界有专业职称的贤能我们企业需要容纳，企业自身同时也要造就各类自己的专业技术人才，有能力、有贡献的员工完全可以晋升到高级技术岗位，享受高管人员的待遇。

一办理车辆保险。

8. 员工购车（加入）车价补贴、车费补贴随工资关系在本单位具体核算。员工按本办法所购（加入）车辆，在归还全部购车（加入）补贴借款或得到公司购车（加入）补贴款赠与后，所有权归购车（加入）员工个人所有。

三、车价补贴

（一）车价与补贴标准

按员工层级确定车价（含购置税）补贴总额。

1. 集团公司总经理、副总经理、员工岗位层级相当者，补贴＿＿万元，购买车价标准＿＿万元。

2. 集团公司总经理助理、总会计师、总工程师、专业总监、各公司正职、员工岗位层级相当者，车价补贴＿＿万元，购买车价标准＿＿万元。

3. 各公司副职、助理、总工、专业总监、一级公司分厂厂长、员工岗位层级相当者，车价补贴＿＿万元，购买车价标准＿＿万元。

4. 集团公司部门正副职，各公司部门正职，二级公司分厂厂长，一级公司分厂副职、助理，员工岗位层级相当者，车价补贴＿＿万元，购车车价标准＿＿万元。

5. 各公司分厂车间正副主任（炉长），车价补贴＿＿万元，购车车价标准＿＿万元。

6. 符合购车条件者，实际购车价在标准以上者，公司按标准补贴；实际购车价在标准以下者，车价补贴按实际购车费用的50%补贴。

7. 行车费补贴按个人实际享有标准级执行。

（二）补贴方式

本办法购车（加入）款补贴以借款赠与方式运行。

补贴自签订之日起计算，以现金方式发放。第一年补贴应补贴额的40%，第二年、第三年各补30%，按月平均计发。

集团公司补贴的购车（加入）款，一律由购车（加入）者向公司以无息借款方式取得并出具借款手续。该借款员工自购车（加入）之日起，在本公司忠实履行职责满三年时自动全部赠与员工，借款手续自动失效并无偿退还员工。该借款在公司赠与之前其法律性质为借款，不具有薪金及福利等员工收入性质。

（三）本协议补贴车辆，员工必须将本人登记为车主，并与公司签订《莲花集团公司员工车辆购买（加入）使用协议》（附件二）。

（四）购车（加入）员工在将公司购车补贴借款全部归还

○ 黎明观企业

实际上企业与员工的关系是买卖关系。这个"够"是指价格要谈拢，价格是双方的事，谁都不想吃亏，但最后能成交，谁也都得让半步。这个"够"与"不够"企业老板和员工谁说了也不算，实际上是员工的市场价值说了算，是市场的供求关系说了算。

或取得公司赠与前，须自愿将本人车辆抵押在集团公司，抵押期间不允许转让、外借、质押、再抵押，直至员工为公司忠实履行职责满三年时解除抵押。

员工在未归还全部购车补贴借款或取得公司购车补贴借款赠与前，如将车辆出售或抵押、质押给他人，公司有权取消其获得购车（加入）补贴借款的受赠权利。

（五）员工在车价补贴借款没有转为赠与款并解除抵押之前，受公司处分辞退离职者，须将之前已借购车款归还公司。

自购车之日起为公司服务期限不满三年个人离职者，应将之前已借购车款的50%归还公司。

（六）提职、降职者，自调整之日起按实际职务层级调整车费补贴，之前已发生的车价、车费补贴不重新清算和调整。

（七）低职高配、高职低配者，按实际级别执行。

四、车费补贴

（一）已购车（加入）者补贴标准

油耗补贴 +地区补贴+岗位补贴+ 长途费用补贴+长途车耗补贴+临时工作补贴+车辆商业保险

1. 油耗补贴

按照员工享有应购车（加入）价位对应定额补贴：

____万/车____元/月；____万/车____元/月；___万/车

___元/月；___万/车___元/月；___万/车___元/月。

2. 地区补贴

根据各分公司不同地区距离差，利用公司地区系数进行调节平衡。

以天元分公司同职人员现行油补标准为基准1，豪盛油补地区系数为0.6，莲花工贸油补地区系数为0.4。

3. 岗位补贴（固定补贴×工作岗位系数）

根据工作岗位性质，对三类工作岗位增加系数。

一类：供销部门，系数0.3。

二类：办公室、财务部（集团）、集团公司业务管理部，系数0.15。

三类：监察，系数0.1。

4. 长途费用补贴

本市以外为长途，出差要严格控制，须填写长途审批单，经部门及公司负责人批准后，由办公室额定公里数及基本费用，月底凭审批单持相关票据办理报销手续。本市办理公务一律不派车、不另计算费用。已购车者长途不派公车。

○ 黎明观企业

不要抱怨员工觉悟低，员工心里有一本最清晰的账：总收入实际得到多少，实惠不实惠；干了多少天，能休息多长时间；总的出了多少力，得了多少钱；发的工资、奖金、实物、福利，扣的罚款，今后可能的预期折扣等，这些往一块一算，清清楚楚。

所有费用补贴由本人持正规票据在额度内报销（详见附件三）。

5. 部分供销人员长途车耗补贴

每公里车耗补贴为购车价的百万分之一（购车价×0.000001）。长途里程以长途出差审批表为准。

参加长途车耗补贴者，由集团公司行政后勤主管领导视工作性质确定。

6. 临时工作补贴（临时工作行车里程费用×临时工作系数）

临时工作系数适时调节各类动态工作矛盾。设特殊岗位系数、阶段工作系数、专项工作系数。由集团公司行政主管领导视具体情况审批。

7. 车辆商业保险

要求所购车辆投商业保险的车损险、交强险、盗抢险和保险金额为20万元的第三责任险，这四项的保险费由集团公司承担（报销）50%。其他保险项目个人视情况选择，集团公司不承担费用。

（二）未购车者车费补贴标准

符合购车条件没有购车（加入）者，由公司补贴交通费。补贴额度为同级购车（加入）者车费补贴的20%。执行特殊工作任务费用超支时，由集团公司行政后勤主管领导审批后报销。

（三）相关要求

严禁在下属单位、客户单位报销，严禁向下属单位索取油票及各种相关费用，严禁变相报销相关费用，严禁使用公车加油卡。如有违反，将扣减、停发一年补贴并通报处分。集团公司将定期组织各公司监察人员对车辆管理情况进行专项交叉检查。

五、车辆管理

集团公司及各分公司须每季度对车辆进行查验，员工须填写《莲花集团公司员工车辆使用情况登记表》（附件四），若发现有违反公司规定情况，公司有权停止发放其车价、车费补贴，直至解除车辆协议，取消本办法待遇。

车辆日常使用由车主根据工作情况掌握，上班工作期间车辆须由本人驾驶到达工作场所，公司有重大活动车辆不足时，公司有权调用车辆，不服从公司调用的，公司有权扣罚其车价或车费补贴。

本办法长期有效，供员工随时选择。新入职员工适用本办法。

附件（一）莲花集团公司员工购车（加入）申请表（略）

附件（二）莲花集团公司员工车辆购买（加入）使用协议

○ 黎明现企业 ————————————————————

想一想一个人的所有抽象的奋斗目标，最后都会形象直观地落实在这两样东西上。"房"解决了里子问题，"车"更多地解决了面子问题，里子面子基本上就解决了所有问题。

（略）

附件（三）莲花集团公司私车公用长途用车审核表（略）

附件（四）莲花集团公司员工车辆使用情况登记表（略）

轻松一下，请注意交通安全：

在马来西亚柔佛市交通安全周期间，交通部在一些马路口张贴了如下的标语牌："阁下驾驶汽车时，如果时速保持30公里左右，可以沿途欣赏美丽风景；时速超过50公里，请到法庭做客；超过80公里，请到医院留宿；超过100公里，请你安息吧。"

远方的召唤"股"舞人

股的坏名声——骗人——没准儿——股的好作用——约定利益——期许未来——期股——期权——动真格的——签协议——员工的利益有保障

谈股色变,在当下一点也不夸张。就在我写这篇文章的时候,国家证监会换了新领导,第一把火烧的就是证券市场的内部交易。今天电视上义愤填膺地讲述着"重庆啤酒"是如何用培植乙肝疫苗的概念忽悠广大股民十三年的。这把火烧得好,但还是烧得不够。现在谁赶上谁倒霉,以前没赶上的还是多,以后火不烧了还会更多,总之是体制、法制问题,总之,股的名声不好。

○ 黎明现企业 ───────────

我经常会听到这样的问答,问:"招待客户怎么花这么多?"答:"客人很重要,是大客户。"一听就知道,这是在报销,在为没有标准的报销进行着勾心斗角。很多企业即使制定了客户分类招待标准,但还是存在该不该招待、招待几次、真招待假招待问题。

上市公司以外的企业，也通过在内部员工中增资扩股，以此强化企业与员工之间的关系。但问题是往往做不到位，实际上属于内部集资性质的。员工入股，钱一交开个收据就行了，你要是问多了，管理人员会告诉你，反正不会让你吃亏的。有保底分红的，有定额分红的，有到了年底再说分红的。责权利没有明确规定，没有明确保障，还没有保障的法定手续。到了年底，企业情况好、老板心情好就会多分一点；企业情况不好的，少分一点；老板的事瞎了，心坏了，卷上钱跑了的情况也不算什么新闻。

还有"干股"。干股的基本概念就是不掏钱的股，也叫技术股或管理股，意思就是入股的人将自己所具有的技术或管理资源折合成若干股，加入到企业的股权里面，将个人利益与企业成长捆绑到一起，最后从分红中得利。这本是一种很有效的管理方式，但我所见到的事实是最后要么扯皮，要么不了了之。主要的问题在于没有健全的外部法律及内部制度的支持，大家从一开始就不大懂，迷迷糊糊搞了个现代诱人的概念，最后面对真金白银的时候便开始分歧、分裂。

总体来看，股在外名声不好，在企业内部意思不大。所以，一些企业决策层、管理层以及员工都对股不太感兴趣。

但我对股有兴趣，并且一直在企业里倡导推行期股、期权。期股、期权是一种很成熟的激励员工的有效措施，主要解决员工长期与企业的利益捆绑关系。在莲花集团公司，我与公

司的高管反复商议沟通，开始推行期股、期权工作。鉴于以往多数企业的通病，在制订这个方案时，重点在于解除双方的担忧，平衡符合企业和员工的双方利益。

企业担忧的不是分钱的问题，而是分权的问题，从股的实质来看是所有权的问题。过去的教训很多，搞不好会引起纠纷甚至法律上的问题。从这个角度我能理解，通常我在企业的做法是分两步走，第一步不成熟的时候，先将股权限制在一个范围内，定为"内部管理股"，员工有分红权、表决权，但没有所有权。也就是说，员工持股分钱不分权，分粮食不分地。尽管这样做不正规，但这是双方的事前约定，员工自由的选择，总算是迈出了一步。在第一步的基础上，时机成熟，逐步实现股权的全部权利。如果不这样走，第一步怎么也迈不出去。

员工担忧的问题是分红能不能落实？到年底企业挣得多、分得少，说话不算话了怎么办？我的解决方案是，将协议内容考虑全面，可能的问题说清楚，企业与员工签订正式协议且具有法律效力。至于挣多挣少的问题，大家有了利益在里面，自然眼睛就会盯着，各项制度会跟着完善起来。当然，这个问题在我们这样的社会

○ 黎明现企业

不按时发工资首先是违约了，造成员工生活的不稳定、心态的变化，对企业来说是一笔小钱，对全体员工来说是众人心。员工每月就靠那点钱维持日常生活的费用，员工需要的是现钱。工资不及时发放，是对所有教育、制度、感情的一票否决。

环境中不可能全面解决。但我还是那个想法，什么事先走出一步再说。双方忧虑的问题虽说不能完全打消，但至少是减少到能接受、愿意做的程度。

同时，我在设计方案同时打开老股退出、新股进入两扇门。按照条件在规定的范围内自由选择。期股、期权需要同时出台，期股针对的是骨干，期权针对的是员工，二者相辅相成，缺一不可。

为了稳妥起见，开始主要以建立完善制度协议为主，员工入股的数量在公司总股权中占比要小，小的标准就是假定这些股权即使发生问题也不影响股权稳定及正常生产经营。待逐步成熟、有把握了再慢慢扩大员工持股数量。为防止个别员工不了解股权性质，将来一旦出现维权过度情况，在协议里将个人股权的表决权授给员工持股会。

执行这个方案，公司只需要出政策，出让未来的利益，不需要拿现金，员工首先要出一部分现金，双方的目标和利益高度一致，相互制约性也比较强。这种操作模式比较适合公司在发展爬坡阶段，当时的莲花集团公司正处在这个阶段，期股工作推行得很顺利，效果也很好。下面，请从"莲花集团公司员工期股入股协议书"和"莲花集团公司员工股权期权授予协议书"中来看我的具体想法及方法。

莲花集团公司员工期股入股协议书

（模拟示意简版）

　　甲方：莲花集团公司

　　乙方：

　　期股，由甲方出让一部分股份给乙方，并且允许乙方在先享有该部分股份的表决权、收益权和分红权的基础上，逐步以分期付款的方式以初期约定的价格购买其股份。甲乙双方协议如下：

　　一、甲方

　　甲方全权代表以下所属控股公司：（略）

　　本协议行权股价为以上七家法人公司的平均股价。

　　二、乙方

　　乙方为与甲方签订劳动合同关系、经甲方同意购买期股的员工。

　　三、期股价格、期限、数量

　　约定乙方购买莲花集团公司股份，每股价格为壹元（人

○ **黎明观企业** ————————————————

　　今天，当我们的企业有了原始积累，有了发展基础，接下来企业竞争什么呢？在我看来，企业最终的竞争在于持续的发展能力，这种能力要靠不间断的教育才可能实现。从这个角度讲，我把教育看作是企业发展的永动力。

民币）。

约定期股年限自签订协议之日起满五年。

乙方可购买期股数量_____股（按照员工层级管理审批结果）。

四、购买

1. 乙方认定购股数量后，需按认定期股总价的一定比例交纳现金，交齐后甲方与乙方签订期股合同。

（1）签订本协议之前，凡在莲花集团公司范围曾经入股的股民，在可购买期股数量内，按认定期股总价的40%比例缴纳现金。

（2）签订本协议时为莲花集团公司第一次入股的新股民，在可购买期股数量内，按认定期股总价的50%比例缴纳现金。

经甲方认定，本协议乙方按认定期股总价的___%比例缴纳现金。

签订期股协议之日，股东的表决权、收益权、分红权正式生效，但乙方无所有权。乙方在期股未到期以前，将期股表决权委托给莲花集团公司员工持股会，由持股会全权代表乙方行使表决权。

2. 乙方签订期股合同后，每年分期付款交纳剩余比例现金，付款的主要来源是每年的分红。乙方在尚未按协议购买全部期股前，甲方对期股不进行现金分红，其红利应

直接用于购买期股。

3. 约定期最后一年分红后，乙方全部分红额若少于期股应交款额时，由股东用现金补交差额后，办理期股转为实股手续。

约定期间分红后，乙方全部分红额若大于期股应交款额时，剩余部分可直接现金分红。

约定期最后一年分红后，乙方全部分红额若大于期股应交款额时，办理期股转为实股手续，剩余部分可直接现金分红。

期股转为实股后，乙方具有所有权。

五、股东权益

1. 期股不能退股，只能转让。目前，期股只允许转让给莲花集团公司。为防止恶意收购控股，不得私下转让买卖。

2. 乙方在不满约定的五年期限内，因个人原因或违纪被辞退等原因离开公司者，应按原始入股价直接向公司转让，入股日至辞职日期间的分红收益的50%归还甲方。本协议同时终止。

3. 乙方入股按签订协议之日所处岗位层级确定购买数量上限。乙方在今后考核中若层级发生变化，需做相应同步调整。

○ 黎明现企业 ────────────────

教育是教你往远处想，指引你往正道上做。对于企业发展来说，简单实在一点说，教育的目标就是让大家往一块儿想，一块儿往远处想；一块儿走，一块儿往高处走，正规一点说就叫理想。

若低于协议日岗位层级，应按考核后实际岗位层级股权上限核定，多余部分应原价由公司回购；若高于协议日层级，可按考核后实际岗位层级股权上限补差新增入股。

4. 乙方须连续不间断在岗工作至分红日，具有当年分红资格。

本协议一式贰份，甲乙双方各执壹份。

附件：乙方身份证复印件

甲方签字、盖章：　　　　　　乙方签字、盖章：

　年　月　日　　　　　　　　年　月　日

莲花集团公司员工股权期权授予协议书

（模拟示意简版）

甲方：莲花集团公司

乙方：

期权，是指甲方为激励员工，承诺部分先进员工有权在未来特定时间，以特定价格买进一定数量的甲方股权的权利。

行权，是指乙方行使本协议约定的权利，以本协议约定的价格购得甲方股权的行为。甲乙双方协议如下：

一、甲方

甲方全权代表以下所属控股公司：（略）

本协议行权股价为以上七家法人公司的平均股价。

二、乙方

乙方为与甲方签订劳动合同关系、经甲方同意授予乙方股权期权的员工。

三、期权股份价格

每股价格为壹元（人民币）。

四、期权股份购买数量

按照莲花集团公司规定，甲方本次可授予乙方期权股份__股，本人实际接受期权股份___股。

五、期权股份购买行权时间

乙方购买行权日为自签订本协议之日起满三年（___年__月__日—__年___月___日）。在协议期权额度内自愿选择购买时间及购买数量。员工实际购买期权后享有股权权益。期权由员工以现金方式购买。

六、股东权益

1. 乙方行权购买后即有权按当时公司实际股价享有相应的

○ 黎明观企业 ———————————————————

同是一个人，头天晚上喝酒前说酒真好，第二天醒来首先骂酒真不是个好玩意儿；医生上班常对病人说酒不好，下班后他们却是酒桌上的常客。

权益。

2. 乙方在行权日未到期，或行权日到期时不购买、不行权，乙方无权享有和行使约定股权、期权的权利。乙方在未行权前，不具有甲方公司的分红权、表决权、收益权等所有股东权利。

3. 乙方期权可以部分及全部放弃，但不允许转让。在乙方行权前，期权不得继承。

4. 乙方在本协议签订后不满三年期限内，因其本人原因或严重违法、违反甲方规章制度等原因被解除劳动关系者，本协议自动终止。

本协议一式贰份，甲乙双方各执壹份。

附件：乙方身份证复印件

甲方签字、盖章：　　　　　　乙方签字、盖章：

　　年　　月　　日　　　　　　年　　月　　日

轻松一下，看看股市与婚恋的关系：

婚恋与炒股的确有许多相似之处：刚谈朋友，叫"探行情"；订婚叫"入市"；结婚叫"成交"；初婚叫"原始股"；结婚后离婚，被对方搞去不少钱财，叫"割肉"；结婚后双方感情不和，叫"踏空"；婚姻平淡，无可奈何地凑合着，叫"套牢"；这种婚姻费尽心思终于离了，叫"解套"；结婚三五年后，感情时好时坏，叫"箱形整理"；婚姻彻底破裂，不可挽回，叫"崩盘"。

教育是永动力

教育的分量——文化的教育——教育的文化——企业文化的
教育——规则——信用——容纳——求实——教育不要图形
式——身教重于言教

这一篇的主题是研究如何激励员工跑得更快些。前面的文章研
讨了如何通过物质化的渠道来激励员工向上攀登，与企业绑在一起
共同成长。我特意设计了一套长短结合的激励措施，通过"薪股房
车"这些载体来实现。但物质的捆绑与刺激的作用终归是有限的，
在我的方案里，所谓长远，最长的住房福利的效力也只能管到十

○ **黎明观企业**

实践见识的积累、判断就是文化。在民营企业里，很多人的学历不高，但
忠诚企业，对自己岗位的工作职责、任务能理解、能执行、能干好，在我
看来这就是有文化的人。相反，那些头顶一堆学历、职称、不动手、不弯
腰的家伙，在我的眼里才是没有文化的人，因为他在企业里是没价值的。
俗话说的"有知识没文化"是一种现象、一种说法，也是一个道理。

年，时间再长就鞭长莫及没效力了。

任何一个企业家都会本能地追求企业长久持续发展的，谁也不想几年或最多十来年就结束自己企业的使命，包括那些众多实际存活了两三年的企业当初也会设计得很远。也就是说，对于多数企业来说，再好的管理只管十年是不够的。那么，持久的激励成长素有没有呢？我说有，这种持久的成长素就是教育。

今天，当我们的企业有了原始积累，有了发展基础，接下来企业竞争什么呢？在我看来，企业最终的竞争在于持续的发展能力，这种能力要靠不间断的教育才可能实现。从这个角度讲，我把教育看作是企业发展的永动力。

ⅠⅠⅠⅠ 教育的分量

教育是教你往远处想，指引你往正道上走。对于企业发展来说，简单实在一点说，教育的目标就是让大家往一块儿想，一块儿往远处想；一块儿走，一块儿往高处走；再正规一点说，就是我们常说的那个"理想"。

据我的观察，教育在企业里常常是没身份、没地位的。教育的概念，被管理者理解的不是过宽就是过窄。过宽的理解觉得教育是社会问题，是文化部门、党组织管的事，是学校、家庭里的事，企业是经营体，管不着人家那些事；过窄的理解是将培训的功能代替了教育的概念，企业站在当下考虑利润，企业

家都忙着开足马力扩大规模多挣钱，认为培训更重要，短平快，现炒现卖，没时间去考虑长远的教育问题，能搞搞培训就算不错了。

在我看来，教育是个大概念，培训是小概念，培训应该包含在教育之中。教育是根，培训是手段。教育针对的是思想，培训针对的是技能，需要兼容并蓄，同步发展。对于一个计划走长路的企业，更要把教育的位置往前排。

文化的教育

文化教育的第一要务是要认识"文化"，可问题常常在于文化让文化人给说糊涂了。

个人的学历是文化吗？企业墙上的标语是文化吗？开展一些文体活动是文化吗？是，但仅仅是文化的表皮形式。那么，文化的内在核心是什么呢？其实说起来也不复杂，文化就是价值观，就是怎样看待一件事的价值。面对形形色色的事务、千变万化的世界，怎么看、怎么取、怎么舍、怎么做，这就是文化的实实在在的价值。

就说我们日常生活中的"酒"吧，所谓的酒文化，其实就是人

○ 黎明观企业

企业有多少说多少，干多少说多少，真有那么难吗？从短期利益取舍，真有那么难；从长远发展着眼，真的也不难。关键在于我们的企业要什么，关键的问题在于我们一面对内开会教育员工要忠诚企业，一面对外宣传、报表言行不一致，教育白搭不说还会后患无穷。

124

围绕酒及酒所产生的功能效应感受不同，在不同时期所产生的看法，有说好的，有说不好的。同是一个人，头天晚上喝酒前说酒真好，第二天醒来首先骂酒真不是个好玩意儿；医生上班常对病人说酒不好，下班后他们却是酒桌上的常客。酒文化，就是人们对酒的价值观，就是对酒的价值的认识看法及由此产生的行为方式。

这样看来，文化是一种看法，是个性的、动态的。文化是思想的表现，而不是物质的载体。

文化，去掉表皮，实在了，就在眼前了，可触摸了，这正是教育需要做的事情。当文化实实在在走进我们日常生活工作中时，你就会发现周围原来有那么多的文化人，你就会谦虚好学。实践见识的积累、判断就是文化。在民营企业里，很多人的学历不高，但忠诚企业，对自己岗位工作职责、任务能理解、能执行、能干好，在我看来这就是有文化的人。相反，那些头顶一堆学历、职称、不动手、不弯腰的家伙，在我的眼里才是没有文化的人，因为他在企业里是没价值的。俗话说的"有知识没文化"是一种现象、一种说法，也是一个道理。

文化要植根于本土，传统文化是主体，西方文化是点缀，商业文化是装修，创新文化是生机。文化不可以制造，文化是实践结果的积累，文化是一砖一瓦垒起来的。文化不是绣花鞋，文化不是化妆品，文化可以直接创造价值。因此，国家才将文化作为产业来促进发展的。

教育的文化

我们国家改革开放三十多年，国门大开，以欧美西方文化为主要概念的外来文化与中国传统文化交汇在一起。

西方文化优秀，我们多数人都在学习、感受、运用这些文化，优秀的文化背景带来社会法制的完善与经济的发达是显而易见的。尽管当前我们在电视上经常看到西方经济社会问题还很多，一方面说明其存在问题，一方面这些问题连我们都知道了，说明人家那个社会就没有多大的问题，这是民主文化的结果。

中国的传统文化优秀。论历史，论著作，论伟人，没有多少文化可以与之相提并论。论长度，我们老祖宗创造的历史之长之完整，浩瀚如海；论厚度，儒家仁爱，容千秋之事；论高度，《易经》的宇宙万物之像之理，我们今天的宇宙飞船也没能飞出它的边界。

对于中西文化，学术上一直在争论，今后还会无休止地争论下去。至于说哪种文化更优，我想最后也不会有权威的结论。要说有权威结论的话，时间与实践将会是权威的检验者。这是文化的正常现象，只要文化人在，争论本身就是游戏，需要热闹，不需要有结果。

○ 黎明观企业

社会上的培训班大部分都安排在旅游城市、旅游景区。住的凑合，吃的像婚宴一样浪费，还吃不饱，讲课的老师该来的不来，不该来的支支吾吾混饭吃。单位组织起来冠冕堂皇好入账，回来一算，费用比直接旅游高出一倍都不止。

假设在全国开展对醋和辣椒的评比活动，在全世界开展西餐与中餐评比的活动，会有最终的结果吗？会有正确的结果吗？这些东西本身与评比就没什么关联，无论什么结果，这些东西仍然各是各的味道，都会按照自然的规律兴衰存亡。

展现在民营企业面前的文化可以说是百花齐放，万紫千红，教育如何取舍？我的体会是不求多只求精，只要把握住现代商业的精华："规则、信用、容纳、求实"，就不会跑偏。

企业文化的教育

"规则、信用、容纳、求实"，这八个字算是西方的文化还是中国的文化呢？实际上优秀的文化都是相容相融的，分不开也分不清。分不清就不分清，关键要把下面这些问题的实质精神弄清楚。

规则的文化。社会规则潜伏起来了，生活规则打扮起来了，企业管理的规则随意起来了：裁判员与运动员合二为一，管理者遇到责任一分为二，遇到成绩一拥而上，遇到利益一毛不拔。这就是我们面对的无规则的"规则"。我们每天要花费很大的精力去研究、琢磨、猜测、揣摩这些"规则"，把人们越猜测越精明，同时也越琢磨越小气，越揣摩越自己都不喜欢自己。我的治理方案是，要干好事情就得先立好规矩，要建立事业首先得先建立规则。

信用的文化。在这一点上，中国的企业应该向西方企业学习，国内北方的企业应该向南方企业学习，不发达地区的企业应该向发达地区的企业学习。这一点我的体会比较深。信用，在不少企业里没概念、没荣辱、没约束。我们很多企业到期不付款、不发货，不是因为没有钱、没有货，而是因为把拖欠视为一种营销的技巧，欠账多少与能耐大小成正比。欠债为王是公开的潜规则，不讲信用成为明显的潜意识。对别人不利，更害了自己，心不正念就不正，念不正身就不正，身不正哪能走得正、走得远？

容纳的文化。中国的传统文化始终教育我们要严于律己，宽以待人，弥勒佛笑着对人们说，大肚能容天下难容之事。现代人更注重"情商"的培养，我理解的"情商"就是要学会容纳。现代企业有容才能纳，有空间才能纳进良才；容对手发展，自己才能得到更大的发展；容客户挣钱，自己才能挣大钱；容员工得利，自己才能得大利。

求实的文化。很多企业的简介看不成，好一点三成水分，差一点的七成水分。给媒体往大说，给税务往小报。时间长了，我们做企业的都像编剧、导演、演员一样，多数情况下自编自导自演。有

○ 黎明观企业

> 企业的所有者也好，管理者也好，都需要主动接受教育。相对于员工，我们的老板、高管，是领导者，也是成功者。但相对于社会环境、大千世界，我们只是众生一员，需要接受教育，不断提升自己的境界，拓展自己的视野，带领企业走得快、走得远。

多少说多少，干多少说多少，真有那么难吗？从短期利益取舍真的很难；从长远发展着眼，真的也不难。关键在于我们的企业要什么，我们一面对内开会教育员工要忠诚企业，一面对外宣传、报表言行不一致，教育白搭不说还会后患无穷。

教育不要图形式

在民营企业里，普遍的问题是培训干扰了教育的视线，走着走着就偏到市场经济里了。

受利益驱动，现在越来越多的总裁班、学历班、学位班，要的钱很多，但没内容、没意思。这类教育我劝大家尽量不要去参加，费钱费时误事。有些企业家只是想花钱找一个社交平台倒也无妨，但不宜作为一种培训高管的渠道。

各类培训班五花八门，取舍起来很麻烦。培训班是商品销售，销售就得有利润，利润就得最大化，最大化就得包装，包装就得隐藏很多真相。很多培训班都是以旅游为目的，七天的学习班，两天迷迷糊糊地上课，五天兴高采烈地旅游。社会上的培训班大部分都安排在旅游城市、旅游景区。住得凑合，吃的像婚宴一样浪费惊人，但吃不饱，讲课的该来的不来，不该来的支支吾吾混饭吃。单位组织起来冠冕堂皇好入账，回来一算费用比直接旅游高出一倍都不止。

我的观点是，干脆把话挑明了，索性就组织旅游式培训。

企业组织员工旅游本身就是一项福利。组织员工到一些经济发达的城市，分成专业小组，旅游是明的，培训学习的任务也是明确的，规定在这个期间要参加多少培训课程，走了多少同业，调查了多少数据，得到什么启发，对比之下我们自身改进的意见。最后需要提交培训考察报告，回来后向相关人员汇报，汇报者就是一个小教员，一个小组的成果就是整个企业的集体收获。

其实，这对于既要旅游又要培训的人来说是很难的，你出去认真看了没有，听了没有，想了没有，一目了然。这种方法尤其对不发达地区企业组织到发达城市效果更好，一份钱办两件事，培训达到综合效应。这种方式比较适应中层管理人员。

对于基层一线员工更要讲实用性培训，不要搞齐全的教学大纲、课程体系，主要是动手操作，理论上不要求深，不要求全，只要达到应知应会即可，标准就是达到能动手的程度就行了。采用师傅带徒弟的方法比较适宜，将一线员工的培训进行系统设计，穿插在班前、班中、班后的间隙时间，日积月累，一批师傅带着一群徒弟，干什么学什么，缺什么补什么。

○ 黎明观企业

对于中西文化，学术上一直在争论，今后还会无休止地争论下去。至于说哪种文化更优，我想最后也不会有权威的结论。要说有权威的结论的话，时间与实践将会是权威的检验者。这是文化的正常现象，只要文化人在，争论本身就是游戏，需要热闹，不需要有结果。

身教重于言教

　　企业的所有者也好，管理者也好，都需要主动接受教育。相对于员工，我们的老板、高管，是领导者也是成功者。但相对于社会周围、大千世界，我们只是众生一员，需要接受教育，不断提升自己的境界，拓展自己的视野，才能带领企业走得快、走得远。

　　企业偷税漏税，教育员工要廉洁自律；企业弄虚作假，欺骗消费者，教育员工要对企业忠诚；企业唯利是图，不讲信用，不按时发工资，教育员工要严格遵守公司的管理制度。以上这些教育都是无用的，甚至还起反作用。

　　教，是说出来给员工听的；育，是做出来给员工看的。对于企业的高管来说，教育要从"我"做起，从言行一致做起。

轻松一下，看看孩子的教育观：

　　"爸爸，我觉得妈妈对我的教育不对头。"

　　"你这是指的什么？"

　　"在我很精神的时候，她强迫我睡觉；在我非常想睡的时候，她又叫醒我。"

素质篇

让机关动起来

○ 民营企业不论大小，老板身后都得跟上几个人，这些人需要集中到一起办公，时间久了，人多了，分工逐步细化，就会分设几个部门。这些部门集中在一起，就形成了企业的"上头"。小一点的企业直接叫"公司"，大一些企业叫"总部"，不少企业按社会习惯叫做"机关"。

○ 机关有一种通病：人越来越多，皮越扯越长；文件越来越多，会议越拖越长；办事程序越来越多，办事时间越来越长。最后，一些事情到了机关就变慢了，很多事情不动了，不少事情还找不见了。

○ 这些年，我一直都在探讨企业机关能活起来、动起来的途径——上级顺着基层走，管理跟着服务走，权力跟着需要走，整个企业跟着效率走。

○ 在机关里，有那么一些人，权不大够用，钱不多够花，这些人的领子一般都是白的。这一篇主要是说给白领们听的。

对"管理"的管理

"管"要通——上下通——左右通——内外通——
"理"要顺——条理——顺秩序——理性——顺规
律——理会——顺对方——管理有限——关爱无限

这些年，读了不少管理的书籍，查了不少资料，总想把
"管理"的概念弄清楚，在这个过程中，有时觉得弄明白了，
有时好像又糊涂了。

写到这里我顺手打开网页，查找管理的定义。打开第一
页第一条，便显示出："特定的组织把一种或多种物质（或知
识）经过一定流程和工艺加工后产生新物质（或知识），以换
取效益为目标，把企业在获取更快发展的过程中的所有组织行
为总称为企业管理，如项目建设、经营策划、企业计划、作业
组织与实施、监督、调度、考核与激励、高层领导等，我们把
这些组织行为、活动总称为企业管理。管理要坚持实事求是的

原则，坚持领导和群众相结合的原则，坚持系统、全面、统一的原则，坚持职务、责任、权限、利益相一致的原则，坚持繁简适度、通俗易懂的原则。"

管理，让文人文绉绉说上这么一大堆，不通俗也不易懂。在我看来，这些话说对也对、说不对也不对，没啥错也没啥用。既然不习惯这些文绉绉的话，那么，通俗的话怎么说呢？

中国字的含义本来就很丰富，合在一起，字包括的意思就更多了。为了能简单说明问题，在这里我试着将"管理"两个字拆开，一个字一个字地说。

"管"要通

台湾师范大学曾仕强教授曾形象地将管理中的"管"比喻为管子，他说管子最大的功能是要"通"，若不通，岂不就成了"棍"吗？这一个"通"字其实就把管理说透、说活了。细想想，在我们企业管理的实践中，我们的管理者，用"管"多呢，还是用"棍"多？别的我没有发言权，但对于多数民营企业来说，我敢说管理者多数情况下使用的还是"棍"。当然，"棍"并不直接代表粗鲁与落后，在一定时期针对特定的事情还是有正面作用的，但从企业

○ 黎明现企业

我们每天要花费很大的精力去研究、琢磨、猜测、揣摩这些"规则"，把人们越猜测越精明，同时也越琢磨越小气，越揣摩越自己都不喜欢自己。

136

管理常规条件来说，还是应该少用一些"棍"，多开通一些"管"。那么，怎样让"棍"变成"管"呢？在管理实践中，我的体会是要实现"三通"。

上下通。上下不通在于上下信息不对等，不对等是因为上面人的脑袋里等级观念在作怪。在上面人的意识里，上面人知道的事哪能就让他们下面的人全都知道了？都知道了，上面人的神秘权威到哪里了？于是发布的信息就不全面。还有一个原因就是自己压根没想好，想说也说不明白。上下不通的主要问题是卡在上面，这是我的老观点，上下一起出问题的时候，多数情况都是上面的毛病。

居高临下是上级对下级的基本心态与架势，上级安排事情一般都不说完、不说透，让下级去猜。时间长了，能猜会猜的人逐步占了上风，能干会干、不会猜不会说的人渐渐远离上级的视线。有眼色的下级在落实上级的指示时，会猜上级的喜好，有选择地增减伸缩；会来事儿的下级在汇报工作时，先猜上级喜欢听什么就加工选择投其所好。最后，上级会突然发现，下面的人经常都在骗自己。实际上那原本就是自己骗自己的把戏，头就没开好，后面的结局在意料之外又在情理之中。我的解决方案还是很直接、很简单，上级如老师，下级像学生，老师教什么，学生学什么，你想听真话就先说真话。管道堵在上面，上面通了，下面自然就通了。

左右通。左右不通常见的问题是因为责权利不清，部门横

向之间自然就会推责抢权争利。各有各的一摊，各有各的权力、利益，谁的地盘谁做主，这也是潜规则。岗位、部门之间会自动划出界线围成一个个小团体，谁不会算自己的小账？每一方都会本能地将权利往里扒，将责任往外推，这样就将中间的隔离墙越垒越高。

机关在起草文件时，为有效防止自身可能的责任，会放大指令信号，把简单的事情说得很全很大很玄乎很啰唆，将来一旦发生问题，一查文件，看，我该说的都说了吧？反正我没有责任了。这些文件管个十年八年都正确，都不用起草人负任何责任。层层包裹的文件，操作性、时效性、实效性也被深陷其中不得施展。

我看，要想保持左右畅通的最好办法就是拆小墙修大路，细化责权利内容，明确责权利关系。将可有可无的部门、岗位精简精简再精简，人少了，责权利明摆着，权利小不了，责任赖不掉。对这方面我有一个深切的体会：扯皮，那是因为人太多；是非，那是因为人闲得慌。

内外通。内外不通的关键在于管道的口径不一致。在社会的棋盘上，屈指可数的大型民营企业还勉强算得上一粒小棋子，成千上万的小型民营企业则显得微乎其微。大社会铺设的都是大管道，本来就没有小管道的接口，最多将民营企业归进一个近似的管道里，这就是国营企业的管道。实际上，国营企业与民营企业从本质上还

○ 黎明观企业

信用，中国的企业应该向西方企业学习，国内北方的企业应该向南方企业学习，不发达地区的企业应该向发达地区的企业学习。

是两码事，两个管道从尺寸上就不匹配。这就是造成民营企业内部与社会外部不能直接通顺的内在因素。

民营企业面对的是"官强民弱"的窘境。民营企业头上的官很多且说不清，来无踪、去无影。官，处于主动优势地位，民，处于被动劣势地位，本来就没有对等的接通渠道。在强势的官来看，本来也不打算接通，接通了就没有"司法解释"的权力了。

这种强势力量，将民营企业局限在本地的小范围内，各自都不是标准接口，难以对接。民营企业与同行业的横向沟通联系，也仅仅局限在表皮上。

对于弱小的民营企业来说，改变这种不对等几乎是不可能的，因此，也就不要去做无用功了。这些年我摸索出的一些方法或许能有些用。我们的管道无法与人家对接，但民营企业又不能不去高攀富贵人家。具体的办法是在内外之间修一个蓄水过渡池，也就是将外面大管道的东西，让它先进入池子里，再流进内部的小管道；同理，企业的小管道东西也先进池子，后变换尺寸再进入大管道，这样就比较从容地实现内外接通。到了具体操作的环节上，就是成立专门的机构或授权相关部门、人员，专门来研究操作内外管道转换技术，通过灰色地带，将外部有价值的信息、项目优惠，消化、转化为我所用，将内部有价值的信息主动向外输送，从而形成一个中间消化、转化、输送系统装置。

"理"要顺

在前辈"管"的启示下，结合这些年在企业管理中遇到的实际问题，我对"理"字又进行了一些思考。在企业管理实践中，管不通，常常是因为理不顺，要想保持"管"通，就需要保持"理"顺。理顺，就需要在理，我总结"理"要有"三顺"。

第一，条理，顺秩序。办公，忙忙忙，接不完的电话，见不完的人；会议，心血来潮，想哪儿说哪儿，不说累不散会；亲友，面面俱到，面面俱不到。公私分不清，上班干私事，完不成任务；下班凑合公事，辛苦挂嘴上；晚上喝酒说上班的事，白天上班还在说昨晚谁的酒量大。这就是我对管理机关里没有条理的"大忙人"的素描。

做到有条有理并不复杂。条，摆放有序；理，归类合理。条理就是合并同类项，凡事分前后掂轻重。

我在军校上学的时候，军事训练的严格规定自不必说，生活中小到牙刷头的方向、脱衣穿衣顺序都有明确苛刻的要求，搞错了就要受罚。我们在当时不理解，现在看来一种好的习惯能使人终生受益。在这里我给大家推荐自己摸索出来的"三条理"工作法。

○ 黎明观企业

现代企业有容才能纳，有空间才能纳进良材；容对手发展，自己才能得到更大的发展；容客户挣钱，自己才能挣大钱；容员工得利，自己才能得大利。

140

多年来，我在工作中养成了用三个不同颜色文件夹来分类文件、分别事情，按照重要紧急程度，按"急办""待办""收件"三种情况分类。

这三个文件夹不是静态的，而是随着时间的进度、事情的动态变化，需要不断调整。很多事情与时间有很大关系，在某一时刻前，这件事情很重要，过了这个时间就不重要了，比如说会议、会见等；有的事放在第一个文件夹里，并不一定要急办，比如涉及人事、财务、项目的大事情，多看看，多想想，急不得；有的重要事并不重要，放在第一个文件夹，要重视不见得一定要办，如与领导吃客套饭，有合适托词就不一定去，但要想着怎么去自圆其说；有些事情小，但是不能打折的，如准时发工资这些信用问题，看小很小，看大则很大。

不重要或暂时没有解决条件的事情就把它转移到后面的文件夹里。平时插空处理一些小事，小事不要小看，因为小事积攒多了就成大事了。后面的文件夹里的事情因时间条件变化，重要级别提高了，就把它转移到第一个文件夹。这样，第一个文件夹内，总是少量的要事，也是我需要集中时间、精力去解决的事情。

由此也使我联想到，在我们传统文化里充满了"三"文化的智慧，三人行必有我师，道生一、一生二、二生三、三生万物，三字经等。在我们中国的文字里随时可见三合一：众、品、森、淼。在我们日常生活里也充满了"三"的哲理：两点

一线，三点一面，上中下、左中右、高中低、好中差，事不过三，照相机放在三脚架上最稳当。若把"三"的道理吃透了，生活工作中杂乱的事情自然就归位，有条理了。

第二，理性，顺规律。理性的话题是个很大的话题，主要反映在企业的上层建筑，我顺手能举一大堆在企业里不理性的例子。我想，每一个做过企业的人，都曾可能有过不理性的教训。

理如果没有按规律走，干起事来就容易出现风风火火、顾头不顾尾的现象。由于缺乏系统的思考与安排，管理制度整体感不强，就事论事多，发生一件事出台一个政策，且容易偏激情绪化。时间久了，制度一大摞，矛盾一大堆。

在民营企业里不理性的行为更是司空见惯。能坐到高管位置的人，都是有能耐的人，都是有过成功经历的人。成功的人容易固执，个人意志太强，个人要说了算，想当年我就是独自一人闯天下，什么事没遇过？什么事没摆平、没拿下？人处在这样的状态下，会自动关闭所有的感官，就像醉汉一样在自我的意识里疯狂。好大求荣是常见病，最集中的往往表现在匆匆忙忙上项目方面。

当然，这个病病在企业，根在社会。不信你看，每个城市都是一个大工地，大建设、大发展，不比当年的大跃进逊色。政府追求

○ **黎明现企业**

很多企业的简介看不成，好一点三成水分，差一点的七成水分。给媒体往大说，给税务往小报。时间长了，我们做企业的都像编剧、导演、演员一样，多数情况下还是自编自导自演。

GDP，银行追求信贷规模，企业追求大项目，三家不谋而合，利益的共同方向一致。结果是都大了，企业家的血压高了，头也"大"了。

我们伟大的祖先造就的悠久的历史，给我们留下的更多的是思想的判断，比较少的是数字的推理。用通俗的话说，就是我们的民族偏重于文科，我们的思维感性成分居多。在千变万化的市场里，感性的判断及理性的推断是两只手，我们往往是一手长一手短。因为先天一手短，所以我们的社会整体，我们的企业都需要增加一些理性的成分。

第三，理会，顺对方。理，搭理；会，配合。不在理的东西员工是不理会的，人家不在乎，人家不上心，人家不按时，人家动不动辞职，人家不愿来，人家不搭理，你去管谁？不被多数员工理会接受的理，就需要管理者自己查找内在的原因了。

员工凭什么理企业？员工求职，企业提供岗位，其综合价值要等于或大于员工的期待值。从企业管理的角度看，我们要对员工进行有效管理，至少我们的企业应该形成买方市场，按通俗的话说，也就是说要让员工有求于企业才行。一大堆人排在你公司门口，你才能选呀拔呀。相反，若没人来，你选谁去？

客户凭什么理企业？能赚钱呀，利益供求关系起决定因素。下级为什么理上级？与上级给多少钱有关，与管理者的能力大小有关。这些关系搞不好，你管他不理，白管！管理凭什么？就是凭自己有理，对他人有利。

管理有限，关爱无限

在前面我们探讨了"管通理顺"之道、之理、之法，这些都是在企业管理实践中总结出来的基本要素，具有一定的实用价值。但仅仅靠这些还很不够。企业不同，行业不同，所处地区条件不同，都还会有很多的"管"需要去通，很多的"理"需要去探。也就是说，千条管、万条理，都还会有很多问题是这些"管"与"理"所不能解决的。多年的实践使我深深体会到，有一样东西或许管用。

管理与被管理的关系，无论说得多么复杂，归根结底都是人和人相处，真心诚意是基础。一般来说，企业管理者都是大个子，处于强势位置，大个子对小个子的管理说到最后并没有万全之策，但有一样我觉得是管用的——从里到外对他好，你对他多好，他才可能对你有多好。

在民营企业里，最难处理的是企业所有者与劳动者之间的关系。员工各具心态，不稳定，动不动辞职跳槽；老板苦恼员工怎么就不把工作当成自家的事呢？这个问题要想论清楚，一本专著不见得能说完。要我说，解决这个问题首先从一个最简单的方法着手，

○ 黎明观企业

文化要植根于本土，传统文化是主体，西方文化是点缀，商业文化是装修，创新文化是生机。文化不可以制造，文化是实践结果的积累，文化是一砖一瓦垒起来的。文化不是绣花鞋，文化不是化妆品，文化可以直接创造价值。因此，国家才将文化作为产业来促进发展的。

那就是老板调整一下员工在自己内心深处的位置。老板可以自己做一个实验：用一张白纸从中间画一条线左右分开，左边写上"员工是朋友来帮助我的"，右面写上"员工是打工来挣我的钱的"，然后分别在下面找他们的好与不好，最后你会发现，左面"朋友型员工"的好要比右面"打工型员工"的多。同样的对象没有变化，角度变化，感情会跟着变，距离也会跟着变。

其实，员工的"打工"心态，首先取决老板的心态。我们常听说老板对员工要像亲人一样对待，这样的说法有些过、有些虚了，真要做到那样，企业也没法管了。若能做到"朋友"的平等友好则很实际，你把员工所做的工作至少能以平和的角度看，员工做出成绩，你会从内心感恩，彼此增加感情；员工工作中的不足，你能给予时间使之得以修正，效益与感情都没有损失。

管理的实践证明，对管理者起实际作用的，情商大于智商。有关情商的解释很多，我体会最深的就是"容纳"二字。管理者占住理了，对被管理者有理、有利、有情，哪有管不住、管不好的道理呢？管理的最高境界应该就是我们常说的感情的交流与爱的关怀，因为任何高明的管理都是有限的，关爱却是无限的。

轻松一下，看看民主的限度：

　　两个侍者在聊天，一个说："老百姓可以骂州长，骂总统，可见我们美国很民主。"

　　"是啊！总统谁都可以骂，但谁也不能骂自己的老板。"

○ 黎明观企业

　　各类培训班五花八门，取舍起来很麻烦。培训班是商品销售，销售就得有利润，利润就得最大化，最大化就得包装，包装就得隐藏很多真相。很多培训班都是以旅游为目的的，七天的学习班，两天迷迷糊糊地上课，五天兴高采烈地旅游。

开会不打瞌睡

大话催眠——我不喜欢开会——随意——扯皮——不散
会——我喜欢琢磨会——分类——落实到行动上——少
开会——我喜欢这样开会——形式简化——注重落实

我想，开会打瞌睡是多数人都有过的经历，多数人在大领
导做大报告的时候最容易瞌睡。因为所谓大报告的内容大多是
说了不知多少遍的永远正确的大话，大话的功能是最后将人的
脑袋搞大，进而昏昏欲睡。好在现在有了手机，底下的人听困
了，收发一些段子倒是能驱赶一些困意。有了手机以后开会打
瞌睡的人明显少了许多，大家常感叹现在条件好多了，其中也
包括这层意思吧。

我观察开会的恶性循环规律是，开会越多，说明越不会开
会；开会越多，解决的问题越少，堆积的问题就越多；解决问
题的方案越多，解决问题的时间越少，问题就会越来越多，会

议跟着越来越多，效率随之越来越低。

◢◤ 我不喜欢开会

记得我刚到机关工作的时候，我的上司特别爱开会，而且是到快下班了临时召集会议，不用想，会议时间肯定是拖到了下班以后，时间久了，我逐步掌握规律并分析出原因。起初以为是领导想表示自己加班加点，显示自己的权威与责任心，后来才搞明白，最直接的原因很简单，中年夫妻感情不和，早早回去没意思，用会议绑架很多人，陪他熬过心灵之旅。

过去在机关工作时会议真是多，多数会议都与自己无关，自己只是板凳上面的一件摆设。尽管不情愿，但同事之间互相勉励还是能想通的：行政机关不就是开会、发文件这两样事嘛，况且开会都用的是上班时间，怎么熬这个时间都是熬，坐在那儿不动手不动脑还发着工资，多好，你看多少人挤扁头想往机关钻还进不来呢，说明机关工作好处多。再说了，你看人家领导，坐在台上念几个小时的稿子也不容易，你自己坐在那儿想想听听，听听想想，迷迷糊糊

○ 黎明观企业

　　社会规则潜伏起来了，生活规则打扮起来了，企业管理的规则随意起来了：裁判员与运动员合二为一，员工遇到责任一分为二，遇到成绩一拥而上，遇到利益一毛不拔。这就是我们面对的无规则的"规则"。

也就把会开完了，比领导轻松多了。

后来到了企业工作，没想到有的企业会议一点也不比机关少，而且是白天开、晚上开，上班开、下班开，遇个大小事就开会。企业老总们想怎么开就怎么开，高兴了要开会渲染一番，不高兴了要开会臭骂一顿。会议，成了员工精神的负担，进而，多数人开始产生厌恶、恐惧，逃避会议。

至今，我还是不喜欢会议。我是从会堆里爬出来的，一直被会缠绕烦恼。至今，我在处理公务时能不开会尽量不开会，以至于有的同事怀疑我的工作态度；至今，我坐在会议桌前就有乏味疲倦感，用苛刻的眼光去挑剔会议，对不少效率很低的会议连表面上都不愿维持；至今，我对参加的多数会议还是不满意的，尤其是反感下面几种表现。

第一种，随意。把开会当特权，管理者有兴趣、有时间随时通知开会，不想下班就开会，想说到哪儿就说到哪儿，想说多少就说多少，想说什么就说什么，想不散会就不散会，自己若有事，马上就散会。

有时突然想把人集中起来抒发一下自己的情绪，一般正面情绪比较多。这种会议讲大道理，把自己刚看的一本书一句话，加上自己的体会渲染出去，表现的是思想者的火花，但由于没有深加工，不系统、不完整，台上台下双方都有些不知所云。遇到不好的事情，发生一些问题，个人心情郁闷了，随便召集很多人来开会，东一句西一句像酒后吐真言一样，多长时

间大家都得陪着、忍着，将会议变相为惩罚下属的手段。

第二种，扯皮。会议的主要功能是集中解决问题，每件事的问题都自然会集中到权责利方面。如果开始对这几个方面划分就不清晰，那么到了会上，大家各自站在自己的角度上，最好的办法就是把权力争回来，把责任推出去，把利益弄到手，这可以说是通用的不过时的万全之策。大家为了都做到"万全"不失手，为了有效刺探对方保护自己，说话的人会把一句掰成两句说，把有的没的都说上，一方面表现自己很认真，一方面说得多，后面即使发生问题总能找到一些对自己有用的话来抵挡。最后会议所有问题都没有完全解决，但有一个问题每次都完全解决了——看，我都说了吧，我没有责任了吧？

第三种，舍不得散会。最有意思的是，每次到会议按议程要结束前，主持人总会客气一下征求坐在主席台上没轮上说话的人："来两句？"一般被问的人都会谦虚地说："不说了，没有准备。"如果主持人再客气一下："没关系，随便讲两句。"这时，对方就不客气了，随便讲了一大套并不随便的话。

这些没准备随意讲话的人一般都会进入流行的一些套路，比

中国的传统文化优秀。论历史，论著作，论伟人，没有多少文化可以与之相提并论；论长度，我们老祖宗创造的历史之长之完整，浩瀚如海；论厚度，儒家仁爱，容千秋之事；论高度，《易经》提出的宇宙万物之像之理，我们今天的宇宙飞船也没能飞出它的边界。

如：我只讲三句话，我说十二个字。遇到这种套路时，我一般都会帮着数，结果多数都超过自己约定的数字，而且时间也超过会议议程表上发言人的时间，我们很多下不了班、吃不上饭的会议都是这样造成的。在这种时候，会议是一种官方礼仪，是一种面子，更是一种麻烦。

如果一个组织依赖在会议上，说明被会议绑架套牢，真的应该检讨自己内部组织问题了。

我喜欢琢磨会

我不喜欢开会，不代表我不主张开会。开会毕竟是各项管理中的有效形式。我经常琢磨，怎样开会才能使效率更高一些呢？

我在想，为什么要"会"？一会聚多人，汇多人智慧，得广泛信息；一会省多时，内容集中发布，直接发布，同时发布，权威发布；一会解多题，互相监督，集体决策，统一认识，统一行动。多人多部门解决共同交叉问题，集中在会议上解决集中的问题，这应该是高效会议的本质。

提高会议效率的第一个办法是将会议进行分类安排。我自己将会议分为四类：安排型、讨论型、仪式型、表决型。

会议分类表

分类	名称		特点	提示
安排型	办公会		企业内部主要会议形式，属于内部办公性质会议，形式为内容服务，可长可短。	提交会议研究的事项，一定要提前准备拿出多项工作预案供会议讨论定夺。要防止相关领导及部门压根就没有基本意见，都是请领导指示，实际上是将上级的军，造成会议效率很低。晨会，站着说，有一句就说一句，有八句就说八句；周例会、月例会，要抢着说问题；季度分析会、年底总结计划会，要数着
	例会	晨会		
		周例会		
		月例会		
		季度例会		
		年度例会（计划、总结）		
讨论型	研讨会		介于务虚与务实之间，不定期。	必要的务虚是需要的，这类会议少开为宜，因为这些会很费钱。如果是作为市场营销，倒是比较好的公关及软广告宣传方式。
	座谈会			
	论坛会			
仪式型	庆典会		偏重于仪式本身	这类会议要在形式下功夫，注重衣着正装、语言规范、商业礼仪的要求。嘉宾致辞不宜超过三人，每人讲话时间不宜超过五分钟。会议千万不能搞成员工大会，主席台上坐一大堆人，轮番上场，长篇大论。
	招待会			
	酒会			
	联谊会			
	发布会			
表决型	董事会		法定仪式程序	会议记录、纪要，会后签字、存档等是特别重要的环节。
	监事会			

○ **黎明现企业** ———————————

　　企业偷税漏税，教育员工要廉洁自律；企业弄虚作假，欺骗消费者，教育员工要对企业忠诚；企业唯利是图，不讲信用，不按时发工资，教育员工要严格遵守公司的管理制度。以上这些教育都是无用的功，甚至还有反作用。

提高会议效率的方法是尽量少开会

会议，是干什么的？从字面上看，会，集中会面；议，讨论商议，合起来的意思是集中商议。在我看来，这些只是解释了会议的表面形式问题。会，不是目的；议，也不是目的。会议最终的目的是要"决"，会议对一件事情一定要"决定"，决定的情况无非就是三种：办，不办，缓办。决定的事情要"行"，要落实行动，谁来办？怎么办？企业所有的活动最终都要归结到行动上，开会更是如此。

由此，我总结会议的基本程序是：会、议、决、行。也就是说，会而议，议而决，决而行。因此，解决会议高效问题要从决定、行动方面下功夫。

这样对照看来，就不难发现多数会议存在的问题在哪里了，关键在于多数会议人为地停留在"会"和"议"前两个环节，也就是说停留在表面形式上了。为什么这里说是"人为的"呢？我在前面不喜欢开会的理由已经有所说明。在这里简单地说，就是企业内部责权利关系不够明确，促使大家争权、推责、夺利，导致大家常会、常议、常不决，导致再会、再议、再扯皮。

我不喜欢开会，并不是说我不喜欢与别人交流商量，我会用一种比会议更有效的方式去解决问题。会议，简单地说就是会面商议，并没有规定多少人，两人以上一碰面、一商量，意

见一致，有目标、有方法、有责任、有分工，就可视为一次会议，也就实现了会议的基本功能。

在我有召集会议的决定权以后，我的方法就是尽量减少会议。我经常都是在小范围面对面讨论、交代清楚的，谁也模糊不了，比起大会的"齐抓共管"，效果强得多。我的这个方法是从过去机关一个老处长那里学来的，这个处长是部队转业干部，喜欢抽烟，不喜欢开会，除了规定的政治学习没办法，工作上的事很少开会。上班抽着烟，到各岗位上坐坐，面对面把工作的事逐一交代，时间、任务、方法、注意事项很清楚，过后按要求的时间询问落实过程及结果。看上去漫不经心，实际要求很高，任务明确，责任到人，想要滑偷懒都不好意思。

在此影响下，在长期的管理实践中，我摸索出了自己的一些方法，多沟通，少开会。时间长了，大家说我的亲和力强。可不是，少开会、不摆架子、不念稿子、不拉脸子，事情平平稳稳做了，问题和和气气解决了，多好，一点也不难。

○ 黎明现企业 ───────────────────────────

　教，是说出来给员工听的；育，是做出来给员工看的。对于企业的高管来说，教育要从"我"做起，从言行一致做起。

在这里，我按照会议组织的一般程序来说。

会议通知。容易出现的问题是，通知文件帽子太大，一定要阐述会议的必要性及可能的意义。搞得篇幅较大，反而容易造成将时间、地点、内容、要求挤在一起说不清，让看通知的人去查找。会议通知越简明越好，标题直接就用"会议通知"。有的要在之前加上很多概念，我觉得不需要，因为会议内容已经界定得很清楚了。会议通知正文内容可直接用小标题分清：时间、地点、人员、内容、要求。要求主要说与开会相关的需要提前准备的工作、材料、携带物品。有的会议要求可有可无，规定要高度重视、按时参加、不许迟到，会议期间将手机调到振动状态等都没必要在文件里说。高度重视没法衡量，因而也就无法落实，写也白写；不许迟到是基本的工作秩序；会议期间的手机要求，在会议通知上写，时间早了些，那是主持人在开会前说的事（参照下篇"文件不说废话"，一张表就一目了然）。

时间。遵守时间，这是小孩子都知道的事情，可我们开会常常不将时间当回事。每个发言人都超时多说，不按议程进行，临时事项成了会议的主题；主持者或老大根据自己的兴趣越说越远，一直到时间没了，最后自己也承认跑题了。余下一点时间，那就赶快把议程表上的事情说完，草草收场，喧宾夺

主，拉杂扯皮，不了了之。我的观点是，首先按会议定好的议程进行，然后留出一定的机动时间，专门谈论临时事项，粗略地议论一下，临时的事情不要入正题。

人员。参加会议的应是相关的人员，不是可有可无凑数的。有的人喜欢开会时台下人多，有的会多数人不需要说话，也不需要听。人多就要照顾各方倾听的需要，就得牵强附会，没话找话，说话的人有歉疚感，为了弥补对没必要参加的人的歉意，就不得不说些没有必要的话。

会场。不设主席台，不说话的人别坐主席台，说话的人站着说话，腰不疼，底气足，不说废话，去掉感谢的话，时间短就站得住。

发言。除了礼仪性的仪式上需要念写好的稿子，内部会议最好不要念稿子，也不要念秘书写好的稿子，更不要把印好的文件再念一遍，否则台下的听众一般都会从心理上产生抵触。我在没有职务之前，经常给领导写讲话稿，当我看到领导几乎一字不落地念我写的稿子，一方面挺得意，一方面内心中领导的高大形象也在自动减分。后来等我熬到可以对着话筒讲话时，我坚持不念人家写好的稿

○ **黎明现企业**

国营企业从产权要素来看，董事长是上级提名、董事会举手"选举"出来的，董事会成员基本与股权没有关系。从这一点就可以看出，国营企业体制是行政体制的复印件。掌控着国家庞大的资源，在企业的江湖里不想当老大都没有别的位置。

子，自己也不写稿子，而是提前全面准备，列提纲、打腹稿、做练习，到了台上运用口语轻松现场发挥，台下的人会说你的口才好，你自己知道那是因为态度好，提前准备得好。

主持。主持人的任务是按议程执行会议计划，让发言者不跑题。主持人一般不要插话，那样不礼貌也容易打乱发言人的思路；也不要一个人发言之后，重复总结恭维一大堆，最后一算时间，主持人说得最多。

结果。会议是相关的人集会在一起，研究解决共同的问题，需要明确什么事、谁来做以及责任、要求、时限。结果的落实需要在会上定好、下去实施、下次会议检查。这样就形成每次会议的闭路系统，同时与后面的会议环环相扣，工作得以持续完整。

读完这篇文章之后，你若减少了一次会议，那我这篇文章就没有白写了。

轻松一下，看看新老总是怎样整顿会风的：

董事长问新任总经理："过去召集部门经理开会，他们老是心不在焉，这种会风怎么整顿？"

"这好办，"总经理胸有成竹地说，"撤掉记录员，立出新规矩，在会议结束时才宣布由哪位负责记录并整理发布会议纪要。"

文件不说废话

文件没那么复杂——文件就是说事的——用书面形式表达——分类说事更清楚——计划类——啥事，咋办——总结类——事，咋办的——表格说事更明白——一张表胜过五页纸

行政机关的专业就是写文件，写起文件来自然就很专业。国营企业文件写不好，说明工作没成绩。奇怪的是，民营企业的上层管理机构"秀"起文件来，一点也不逊色于人家行政机关，有模有样且官模官样。

○ **黎明现企业**

民营企业跟在老大身后，唯唯诺诺换了一些名称，成立了董事会，把劳资科改名为人力资源部，把销售科改名为营销中心，但实质性的结构方式并没有发生变化，民营企业整体也还是在金字塔里运行，金字塔结构仍然是民营企业组织结构的主流方式。

文件的官模样

官样文件是个什么样子呢？官样文件需要"猜猜看"，基本的特征是把短话说长，把小事说大，把成绩放大，把问题缩小，也就是我们常见的"虽然……但是……"结构："虽然我们的工作取得了很大的成绩，但是距离上级领导的要求还存在一定的差距。"这一句话所隐藏的官场智慧、语言艺术不经百炼难以成钢，让人内心敬畏。这一句话情真意切地表达出至少三层意思：第一层，我们成绩很大；第二层，上级要求很高；第三层，我们比不上领导的高水平。合起来的意思就是说，我们这么大的成绩都赶不上领导，充分说明了我们有多努力，领导的水平该有多高！

在我们熟悉的文件里，随便找出一份，模样都差不多，扫上一眼大体上也都是以下这个样子。下面是我随便在网上搜的一个公司的职工培训通知，我摘录并总结了一些内容：

帽子不小——"搞好企业职工培训，提高全体职工的素质，是企业建设的重要基础，是加强企业两个文明建设的迫切需要，是企业在市场经济竞争中立于不败之地的一大法宝。"

极力讨好——"近年来，公司在新一届领导的带领下，适应电力体制改革，迎接市场经济的挑战，狠抓企业职工培训教育工作。"

左右逢源——"领导重视是关键（本书作者注，下同：把

领导抬到上面），群众支持是基础（谁也不得罪），真抓实干是保证（说自己多能干）。"

尾巴不短——"各单位要切实加强领导，并参照本通知精神，结合本单位实际，开展职工培训活动。要广泛宣传职工培训的目的意义，提高对职工培训工作的认识。按照相关领导的指示精神，掀起职工培训的热潮，不断加强职工的队伍思想建设和业务建设，鼓励和引导广大员工在推进素质教育和教育现代化中贡献自己的聪明才智和全部力量，为社会主义精神文明建设作出更大的成绩。"

在我看来，上面这些话放进一个培训通知里都是没用的废话。分析一下，为什么有这么多的废话？

生活中我们可能都会有类似的经历，当人虚情假意应付对方的时候，因为没有真情真话，就得没话找话说，显得亲近一些，就得把一句能说完的话掰成三瓣说、重复说。文件为什么那么啰唆呢？也是这个道理。

要溜须上级领导很英明，要表忠心自己很辛苦，要抢地位表明自己做的事很重要，要推责任把该说的自己都说了，无非想要表达的不就是——我最重要，我最认真，我最辛苦，我最忠诚，我想得最周到，将来干好了有我一份功劳，干不好没有我的责任。如果只

○ **黎明观企业**

塔楼，将金字塔置于楼顶，让上层的决策者走进金字塔，实行集权决策；将扁平体该立起来的立起来，该躺下的躺下。让中层的管理者走进立式箱体，承上启下，纵向贯彻落实决策者的意图。让基层员工在扁平的箱体内横向携手，高效实现工作计划。

是为了表达态度，废话当然是最好的伙伴。

人家的文件怎么写、怎么说，自有其内在必然因素及功能。可咱民营企业不能跟着人家跑，民营企业要效率、要效益，没时间、没必要兜圈子，文件需要直截了当把事情说清楚即可。

文件就是说事的

民营企业的文件是要说事的，是要把事往清楚说，是要把复杂的事情用简单的方式说清楚。其实，这就是文件所需要完成的全部任务。

本文探讨的"文件"的范围是我的土概念，我把企业里书面的材料都算作是文件。很多人把文件神秘化，过于庄重沉重了，弄得不少能说会道的人反而不会写文件，总想说得文绉绉才觉得有水平，文件跟着文字走了。一句能说完的不放心，再多说几句，结果三句话也还是没说清，进而对没说清的话接着进一步作解释，话套话，废话更多，文件跟着多余的话走了。有的觉得写多一些，领导看了至少会觉得自己的工作态度不错，文件跟着数量走了。最后起草一份文件说了这么多，需要表达那么多的意思，实际上与文件要干的事都不搭界。

在我看来，文件不复杂。文件就是专门说事情的，把想说的事用字记录下来，起个名字就是文件，需要扩散印发的时

候，上面加个红头，下面盖个红印，就可以正式发文了。

如果按照教科书正规的分类，文件的种类很多很细，到现在我也没有搞明白。我只好按自己的办法，把所有的文件只简单归为两大类：计划、总结。比如，通知、报告、请示、方案等这些文件都跑不出这两大类。

计划类是干什么的？四个字："啥事？咋办？"总结类的也是四个字："事，咋办的？"这里的关键字是"事"。

将所有的文种都放进两大类里，肯定有不完善、不严谨之处。但用这种粗线条主要在于强调所有的文件都要围绕"事"来展开，这样我们在做每一份文件时，思路目标都是很清晰的。清晰了往往就简单了，简单了效率自然就提高了。

计划中需要把"事"的要素直截了当说清楚就行了。啥事——事件、时间、地点、人员、要求；咋办——分解若干事项，每个事项在什么时间达到什么程度？谁主办，谁协办？明确责任、权力、可能发生的问题处理途径及方法预案。

总结时对照计划中的事，咋办的？一一交代清楚。按照计划中的项目对照检查，哪些执行了，哪些没有实施，哪些有创新，哪些有不足，实际结果是什么，在今后的工作中哪些需要改进提高，哪

○ 黎明现企业 ————————————

> 决策历来都是上面的事、少数人的事，就像人的头一样，占的地方不多却指令全身。金字塔头要尖，不要弄成方头、大头、重头，头重则脚轻。

162

些应该坚持发扬光大。

前面在"变化不如计划"一节中专门强调了计划与总结是两口子的关系，这里还需要再提醒的是，要防止计划想到哪儿就说到哪儿，总结干到哪儿就写到哪儿，计划与总结一定要对照检查。当年的总结就是下年的计划基础，年初的计划就是年底总结的框架。这样，计划与总结始终连为一体，年复一年，工作始终是在平稳连续有序中进行的。

▍▍▍ 用表格说事更明白

这些年在管理实践工作中，我对多数文件都不满意，包括自己起草安排的文件，总觉得还是没有达到简洁明了的程度。因此，我一直留意探索一些新的方法，后来逐步感觉到表格是一种最有效的方式，试着将文字叙述的内容都往表格里装，结果发现什么样的文字都能装进去。进去的文字内容简单了、清晰了，扫一眼就明白了，在企业工作实践中很快就得以应用推广。在这里，我举四个例子来看表格的作用。

例1：公司各部门的岗位职责。之前我见到的岗位职责都是用大段的文字叙述，很全面，但很啰唆，关键的问题是不明确，记不住。后来我把这些内容中有用的部分都装进表里，发现没用的话没地方了，模糊的话说清楚了，责权利明确了。

部门岗位职责表（示意）

×× 部门职责					岗位	任务	定员
职能	责任	权限	协调	目标			
制订——							
落实——							
服务——							
协调——							

例2：有关各岗位的任务、职责、授权问题。在实际工作中要分别去说，弄不好有很多矛盾的地方，关联性差。我把这些问题放到一张表上，就显得很清晰。一张表一目了然，上下级谁的任务、谁的权力、谁的责任清清楚楚。（表格详见"界定的权力最给力"一节）

例3：会议通知议程表。一张表将会前通知、会中议程、会后落实、要求等全部事项都装进去还显得绰绰有余。

○ 黎明现企业

金字塔是供企业的高层、决策层使用的，其主要任务是划分清楚企业的责任、权力、利益这三件事。民主需要集中。拍板，只能由一个人拍，不能大家一起拍。无论在中国还是在美国，决策总是少数人的事情，而且多数情况下都是多数人服从少数人的决定。

××公司总经理办公会议通知议程表

主题	内容	主持人	发言人	时间	地点
要求					
会务					

例4：工作进度表。不用解释，一看就明白。

工作进度表

工作任务	要求	主办人	协办人	授权	完成时限	结果
1						
2						
3						
4						
5						
6						

表格为什么比文字好使？因为简单、明了、通用。表格使用经纬线，准确定位，一个口径；文字描述则比较模糊，因人而异，偏差较大。我的体会是，一张表能顶五张纸，一个数字胜十句话。这样的形式，没有给废话、虚话留位置，那些"优异的成绩""良好的效果""基本达到""圆满完成"的话在表格里是找不到位置的。这样就促使我们需要在很小的篇幅里捡最重要的话去说，用数字说话，用事实说话，用结果说话。

最后，让我们再认识一下文件。文件，就是在纸上说话，平时怎么说话，就怎么写文件；啥事，咋办的？咋办就咋说，咋说就咋写，把事实装进表格里，出来的就是文件。

因为这篇文章提倡不说废话，所以这篇文章在全书里文字最少。

轻松一下，看看人家的服务态度：

饭店里，一名旅客问："服务员，把你们的电话号码簿拿给我，我要找个地址。""很抱歉，先生，我们这里没有电话号码簿，不过我倒是可以把意见簿拿给您，您可以从上面找到我们这个城市几乎所有居民的地址。"

○ **黎明现企业**

我的观点是把供应、生产、销售各自作为独立系统，给予足够支撑完成刚性指标的责权利，将供应、生产、销售再细分专业管理，各系统内相对独立运行，在总的控制体系里，有人权、有财权、有处置权。

工作不干私活儿

算算时间吓一跳——干两天休一天——工作时间的钟摆——合理不合法——操作层的时间控制——定量定心——管理层的时间控制——把握要事——决策层的时间控制——给思想放放风

这个题目的内容应该是个基本常识，人人都懂的道理，人人都应该遵守的基本要求，本不值得专门去说。可我们面对的现实是工作的时间本身就少，工作的时间往往又被私事大量侵占，可用于工作的时间剩下的更少，最后能真正用于工作的时间实在少得可怜。所以，在这里专门劝一些人上班不能干私活了，再干私活最后就没活干了。

按照德鲁克先生的说法，时间是不可再生的珍稀资源。下面我们先算算，就知道工作的时间该有多珍稀；我们再看看，还忍不忍心用上班的时间去干那些私活儿。

算算时间吓一跳

全年365天，有104天是礼拜休息日，有11天为全民法定节假日，共有115天休息日，工作时间凑巧为250天。每个月的工作日平均为20.83天，其中还不包括少数民族假、妇女、军人等部分假日休息，比如宁夏、新疆等地的古尔邦节、开斋节又多放2~3天假；还有每年个人的婚丧嫁娶产病工休等假，各类因素加起来，粗算一下，每人每月的应该工作时间仅为20天，也就是说，干两天就休一天。这些是能算得清的时间，我称其为"应该工作时间"，为什么这样叫法？因为现实中"应该工作时间"不等于工作时间，更不等于有效工作时间。

在企业里，只有有效工作时间才能创造实际的价值。有效工作时间是应该工作时间再减去无效工作时间。下面，我们就一起先去查看一下每天的那些无效工作时间。

我们国家规定每天八小时工作时间。上班时间一般都是这样约定俗成的，早上上班后打招呼聊几句、打扫卫生、泡茶，在前三十分钟很正常；中午十一点半，进入吃饭前的准备期、放松期；下午下班前半小时准备期，约晚上的社交活动，给家人打电话安排谁接

○ 黎明观企业

让我们与企业的员工一起走进具有民族特征的塔楼：基层的员工在扁平的底座内左右穿梭，辛勤地劳作着、创造着；中间的管理者在立体的箱体内承上启下，忙碌地工作着、创新着；企业的决策者站在企业的金子塔尖上俯瞰挥挥手，风光无限。

孩子、谁买菜这些事，属太正常了。再加上八小时以内，打几个私人电话、上网收发私人信件等各类因素加起来，最保守计算，每天大约有一个小时间处于非工作状态，或客气一点地说是在无效工作状态。每年250个工作日，就是250个小时，就是31个工作日，一个多月又不见了。

2012年1月，元旦、春节挤在一起，工作日只有17天。按照我们的生活文化习惯，这17天打五折都是少的。过完春节到正月十五，同事、朋友吃吃喝喝、热热闹闹都被视为正常的工作生活理不清的时间。我们过年的时间不是国家的法定三天，也不是调休的七天，而是前后将近一个月。加之我们的阴历、阳历差异，工作的安排是跟着阳历走的，工作的节奏是跟着阴历走的，这"两历"的错位，又造成无法计算的无效工作时间。春节前我听到的有关工作方面的电话多数是这样说的：那个事看来节前办不了啦，好多人都不好找，只能等到节后办。可这个"节后"也是不确指的时间，也可能是正月十五之后，也可能是一两个月之后。

我们不少企业过完元旦搞总结，过完春节才下计划，中间这一段时间，大家约摸着做，都属于低效工作时段。

无效工作时间没法直接计算，只能凭经验估算。我保守一点估算，将以上这些因素加起来，企业里的管理机构每年无效工作时间至少有50天，这样一来，我们有效的工作时间可能仅剩下200天了。若再稍一疏忽17天随便被耽误过去，最后，有

效的工作时间只有183天。这样一年的一半时间就走了，都与工作的关系不大。干一天歇一天，走一步停一步，是不是像动画片里的慢动作镜头？

大账摆在这里，扫一眼就清楚了，结论也是显而易见的，有效的工作时间实在是太少，实在是满足不了企业的基本需要，我们每一个员工实在没有理由在工作时间不认真不努力去干工作上的事。

▦ 工作时间的钟摆

现实的问题在于，有效的工作时间不多，加上管理水平的限制，无效工作环节再加上无效工作时间，工作时间明显不能适应工作数量、质量的要求。在这种条件下，上层的管理者很着急，尤其是民营企业里的老板们，对假期无奈、烦躁，脾气暴，于是就用一些模糊的方法延长工作时间，占用员工非工作时间。

在有些管理者看来，那么多的工作做不完，你还休息那么多时间，工资也不算少，你总得有些奉献精神吧？在员工看来，我们享有的是国家规定的权益，工作干不完，那是管理问题、人手问题，可以再多找人嘛。上下的矛盾就是这样来的。

○ 黎明观企业 ————————————————

> 宇宙分星球，世界分国家，国家分省市县乡村，世界是有秩序的。企业是社会的一个小拐角，小拐角要遵守社会大秩序。企业内部也要分层分级，各自在规定的范围内担负有限的工作，行使相应的工作权力。

这些年，我在企业的高管位置上做管理工作，站在老板与员工之间，对双方的想法、难处都有所理解。单方看都有道理，但双方到一起就会产生矛盾、抵触甚至冲突。过去我在企业里处理这些纠纷时，一般到最后员工都是强势的，搞得企业不敢用工。

当然了，对于目前这种现状，企业无力改变什么，但在现有的条件下，有些办法还是有效的。

第一，管理者需要有勇气直面问题，不回避、不绕弯、不模糊。国家规定的节假休息日很明确，对谁都一样。企业根据工作安排假日加班、值班都无可厚非，但关键要给员工一个明确的说法及合理的补偿。很多企业对此都模模糊糊。在这种情况下员工加班、值班的工作效率极低，社会整体在休息状态，很多事办不成。家人朋友在聚会活动，自己却在上班，心不在焉，打打电话，上上网，整整资料，只能是熬过这些时间罢了，心里还不舒服。

一个企业、一个岗位、一个人若加班成为常态，在我看来就成为病态，正常工作完不成才需要加班，不是事情本身出了问题，就是工作安排出了问题。解决这类问题要从优化工作环节入手，尽量减少加班时间，确实需要加班，就按国家规定发放加班费或有个说法。不提高效率就得提高成本，如果心疼钱，那么就提高效率少加班。从长远看，这样做对员工是一种保护，对企业管理水平的提高也是一种正面地有效地促进。

第二，管理者不要带着情绪去占用、消耗员工的非工作时间。比较典型的是经常占用休息时间开会，本来会议的事情没那么紧急，必须今天要开；会议的内容也没那么重要，不说不行；会议也不需要那么多人参加，可有可无的人都被召来；会议也没必要那么长时间，不说痛快不散会。你认为占住了别人的休息时间，但员工一定会用各种方法找回来。员工内心其实就那么几件事，与你较量时，小人物对付越小的事越专业。我有时在想，何苦呢？折腾大家的时间，尽管大家敢怒不敢言，但耽误的时间一定有方法、有机会加倍补回来。这样一算，你折腾了十个人的两小时，反过来这十个人带着情绪，每人设法补回来两小时，企业直接损失就是二十小时。我们的管理者若稍微算一下账，可能会吓一跳，我说的一点也不夸张。

第三，对企业里"操作层""管理层""决策层"的工作时间区分管理，这也是提高工作时间效率最重要的方法。下面我分别来说。

○ **黎明现企业**

在社会的官场上，我们一般常见的情况是大家都削尖脑袋使劲往上钻，而在一些企业尤其是民营企业里，情况看上去却有点反常，职位高的人喜欢习惯往下走。就说最大的"官"董事长吧，按照岗位职责的设置要求，董事长理所应当属于决策层，高高在上，可他们好像不爱在自己的楼上待，喜欢往下面管理层去凑热闹。

▍▍▍ 操作层的时间控制——定量定心

　　操作层，顾名思义，是指做具体工作的，在机关里叫办事员，在车间里叫工人。从企业管理现状来看，操作层员工很多是计量工作，定量工作时间管理在企业里被普遍应用，并且越来越精细科学，客观上员工必须遵守工作时间的硬性条件比较多。也就是说，从形式上看，这个层级时间管理问题并不大。

　　我想要讨论的问题是，时间管理的有效性，一定不能离开员工的自觉自愿，我想强调的是员工"自觉"遵守工作时间的问题。

　　员工上班，遵守工作时间天经地义，没什么可商量的。我在工作中总是对员工讲一个道理，从身体感受的角度来看，一般情况下，穿睡衣总比穿工作服要舒服，但上班就要穿工作服。企业是个组织共同体，人多就要管理，被管理就会感到有些不舒服，尤其对少数人来说还会极不舒服的。走进一个集体就要接受共同的约束，就像我们在道路上要听交通警察指挥一样天经地义。

　　一个员工，如果早上把名一点，然后慢悠悠地去吃早餐，从技术上看没问题，扣不了工资，但问题在于多数人已经开始工作了，你的状态不同步，会打扰别人的。中午早点去吃饭、下午晚点到岗位等所带来的问题都属于这一类。掐头去尾中间掏洞，时间久了，你就会游离在这个集体之外；时间久了，这

种状态会蔓延扩散，以至于最后你自己都会觉得困惑，你也开始不喜欢这样的工作环境；时间久了，你会变得没有活力、弹性，你会在职场上变得不专心、不专业、不职业。

工作时间内保持一种工作状态，是一个现代企业职业工作者的基本素质。我们每天总共工作时间只有八个小时，有限的时间内做分内的事，想想看时间还真是紧张。如果一个人八个小时内还有很多无聊的时间需要设法去躲避打发，那就该检修自己了，搞不好企业就该打发你了。

我主张针对操作型员工，一是加强遵守时间教育，二是可以采取军队管理的某些强制措施。如借用军人以服从命令为天职、没有任何借口等管理理念对员工在工作时间内进行约束性控制。

管理层的时间控制——把握要事

要事优先是一个基本常识，谁都明白其中的道理。要事优先及怎么优先，德鲁克先生在《卓有成效的管理者》一书中已作了透彻的论述，我自不敢多言。在这里我想探讨的问题是，在我们实际工

○ 黎明观企业

咱们一起玩玩下面的游戏就有所体会：1.把手插在旁边人的裤兜里，是不是要多别扭有多别扭？2.把手插在后面人的裤兜里，是不是要多费劲有多费劲？3.把手插在所有人的裤兜里，是不是要多无知有多无知，要多无聊有多无聊？这样的游戏其实就是情景再现，在不少企业里总是重复上演着。

作中怎样判断、分拣要事？

探讨这个问题的动因是我看到的企业管家总是那么忙，总是说忙不完，总感觉他们手上的事没有一样是可以放下的。那么，我至少可以初步判断，这些企业管家朋友对"要事"的把握方面还是有问题的。现实中存在的问题突出的不是能否将要事优先，而是在对要事的判断方面。从我的体会来讲，处理好面子、上级、客户这三个重点关系就能抓住要事。

先说面子问题。面子是最浪费时间的一项，我们企业的管理者们可以算一算每天、每周、每月、每年为顾自己的面子及别人的面子浪费掉的时间有多少。面子问题常常又集中在应酬上，吃饭、开会、庆典、聚聚、坐坐、聊聊、参观、访问方面。如果想处处周到、八面玲珑、谁也不得罪，那你什么事情也不要做了，天天就干这一件事，估计都忙不过来，而且会感到越忙就越忙，越累就越累，没有喘息之机。

对于这些忙碌应酬的人来说，嘴上虽说忙呀累呀烦呀，但内心却舍不下那应酬里的风风光光。有人请，有车候，从家里门出，进办公室门、会议室门、餐厅门、酒吧门，穿梭在楼群之间。嘴上说累，心里会害怕有一天不累。上座、敬酒、赞扬、点头，样样都让人心微颤、头轻飘。

回顾我的主要工作经历，有这么一个规律，工作效率高低与职位高低正好成反比。也就是说，职位越高，工作效率越低；职位越低，工作效率反而越高。职位低的时候就那点事，

上级让干什么就去干什么，办事员很明确就是办事的，本身与实际需要比较近。职位高了，自主权大了，事情多了，反而搞不清该干什么，只好凭着感觉走；职位高了，面子大了，就要注重面子，就要用很多时间去顾及面子。我算了一下，在我职位比较高的时候，我干自己岗位专业工作的时间充其量只占总有效时间的三分之一，其余的三分之二都被关系、面子耗走了。面子，本是专门供别人观看的，与工作效率无关，与工作收益无关。

再说上级。我们企业的管理文化是从传统的社会文化里走出来的，总的倾向是"唯上"。因此，我们的下级管理者长期养成了上级的事就是要事的思维习惯，潜意识里上面的级越高，布置事情就越重要。从一般情况来说，下级为上级服务、对上级负责是对的，但不是绝对的，我们毕竟不是在部队在战争环境下工作。

在企业里，一切要为了效率、效益，上下级都要对此负责。假如你是车间主任，同一时间，上级通知你去开会，车间发生停电，你还应该先去开上级的会吗？同一休息日，你当时计划去看望住院的员工，上级却让你去打麻将，你应该去哪里？上级的事也是可以往后排的，只要你去做更有效的事情，上级也会体谅的。我们很多管理者把大块的时间都留给上级备用，对下级的时间很苛刻，随时

○ 黎明观企业

> 小道消息大于大道消息，成为我们这一代人的思维潜意识，并且是根深蒂固的模式。很多人更喜欢小道消息，随时推翻大道消息，这也是民营企业家多变、善变的根源之一。

放下和下级的工作时间，去迁就上级的时间，总有那么一块闲置无效时间在眼巴巴等着上级随时的号令，相对于企业总体有效时间来说是极大的浪费，因为企业的最终成效要出自基层下级之手。

第三个重点关系是客户。外部客户的事情永远都是重要的，这些道理谁都知道，关于这个问题，我在"管理就是服务"一节中有专门论述。作为管理者在时间把握上应该牢记一点：客户的事情无大小。

这三个关系想好了，处理妥当了，自然就成竹在胸，要事在手。

⫿⫿⫿ 决策层的时间控制——给思想放放风

企业的高层决策者往往被眼前的繁杂事务搞得头晕眼花，很多话听不到，许多事看不到，思想的空间也被琐事塞满了，所以我说要时常把思想拉出来，给思想放放风。

我们的民营企业多数管理层和决策层都是掺和到一起的，分得不明显。在企业里大事小情说了算的那几个人或一个人，他们本应是专业的决策者，但实际上他们却总是在管理岗位上呕心沥血，也就是说，他们大部分时间没有在自己的岗位上。这就像足球运动员去打乒乓球，不是不可以，但结果很可能两个球都打不好。这样的结果是，最后专业的决策者成了兼职的

管理者、业余的决策者。

在民营企业里，一般情况下董事长给自己定位都很明确，大会小会上信誓旦旦表示要抓大放小，主要抓大事把方向。而实际情况呢？董事长们往往是里里外外一把手、一把抓。

对于弱小的民营企业来说，方向盘不在自己的手里，都在"外头"，都在"上头"。于是外部的大事小事都成了要事，所以多数决策者全力以赴对外亲自抓这些"大事"。

对于体制、机制不健全的民营企业来说，董事长心想放手，手却放不开，内部的事情说是不管，实际上事无巨细，没有不管的。

结果，对外低三下四求人办事，干的不是决策者的主要工作，停留在业余等级；对内把事情都攥在手心，时间不充裕，积压一大堆待批的报销单、文件、请示，闲了连开三天会，忙了十天找不到人，从管理角度看也很不专业。

实际上，作为民营企业的董事长一直处在两难之间，说起来好说，做起来难做。但我觉得，从长远来看，总得要从这两难里走出来，否则，个人劳累不说，关键的问题还在于企业得不到提高与长进。

对于决策者来说，什么是专业？在我看来，决策者的专业就是思想。思想，需要用整块时间去维护保养；思想，是系统化思考

○ 黎明观企业 ————————————

人人不做主，个个不负责；累死老大，骂死老小；废了下级的武功；一放就乱，一管就死；最后权力紧紧攥在手，就像抓在手里的沙子一样。下面的人没权也就没责了，留下精力专门给自己争利。

的结果。思想需要跳出企业来思考，要从管理的事务堆里拔出来。在里面就有事，就有办不完的事，你出来自然有人去办这些事，这个人不合适再逐步选人、换人，最后总会有合适的人在合适的岗位上办合适的事。

遇到大事，决策者用一个整块时间系统地思考衡量，理应是决策前的必要程序。决策者如果过一段把手机关掉，到什么地方思过思考思想一番，这个时间消费是有价值的，同时会发现，你不在的这段时间，企业一直在随地球正常地运转。

前些年流行的"时间就是效率，效率就是金钱"的说法，还有一种说法是"时间就是生命"，我补充的说法是："生命就是时间。"这不是玩文字游戏，将生命前置是在警示我们应该更加珍惜时间。

轻松一下，看看女人的时间：

丈夫："你跟谁在门口站着谈了三个多钟头？"

妻子："邻居张太太。"

丈夫："怎么不请人家进来坐坐？"

妻子："她说没有时间。"

过程比结果更重要

过程三步走——看清楚是什么——想明白为什么——动起来怎么办——全程须监督——全程需加油——结果只是过程的最后一个环节

"只要结果不要过程""行动力""没有任何借口"是这些年企业管理中的流行语。干过企业的或没有干过企业的人，就字面来看谁也不敢说这些话错了。问题在于，这些正确的话并没有得到正确运用，而是在实践中被一些管理者简单地贩卖了，给自己工作不细致、不到位找了个借口，反而加重了在企业管理中的粗放色彩。

○ 黎明现企业

在我看来，决策者正确的事就是需要授权、真授权、授真权。授权，一般都能做到，但要做到真授权、授真权还需要勇气，不少决策者勇气不足，往往暗中打折。

我的体会是，结果是重要，但结果是从过程中一步步走来的，没有完整的过程就不可能有完美的结果。从这个角度看，过程比结果更重要。

过程三步走

是什么？为什么?怎么办？这是中学语文老师教我们写议论文的思路。三十多年过去了，干了这么多企业的工作，对这简单的九个字，我越来越感悟到其中的道理：是什么？首先要看清楚；为什么？第二步要想明白；怎么办？最后要干利索，这是一件事情的全过程。

在我们的现实生活工作中，处理问题常见的情况是，多数人容易省略前两步，一脚就跨到第三步，"怎么办，快说怎么办？"这话很熟悉吧？看上去雷厉风行，行动力很强，当时很奏效，但最后的实际效果往往事倍功半。

在常规条件下，无论干什么事情都要按照内在的规律、顺序前行，都需要先把事情看清楚，找出需要解决的问题都有哪些？只有把问题看清楚，看全面了，才能将发生的事情的内在必然因素找出来，去回答为什么；只有完整回答了为什么，才可能形成一个完整解决问题的方案，在一个完整的行动计划的指引下，事情才可能得以妥善处理。如果前两项看不清、想不明，一件事情成功的概率实际上从一开始就降低了三分之二；

如果看不清、想不明的事情能够顺利成功的话，那可真得好好感谢运气了。

在本书的第二章"让员工跑起来"中介绍的莲花集团员工激励机制，是由我组织制订实施的。这项工作过程我就是按照以上思路分三步走的。

第一步，看清楚是什么？我大概至少用了三个月的时间去熟悉企业的整体情况，特别注意观察员工的工作态度。我看到的基本情况是，基层员工对公司的事情兴趣不大；中间管理层谨小慎微地低头干着自己的活儿；上层管理者，随声附和的多，提意见建议的少，缺乏工作活力。上中下分得很清楚，明确是自己的事，干得差不多能交代过去就行，责任不清的事多一事不如少一事；不是自己的事看着了顺手也不干；员工的流失率较高。上面这些情况至少可以看出目前民营企业一个共同的现象，员工的打工心态比较明显，员工与企业的融合度较低，由此带来士气低、效率低等一系列问题。

第二步，想明白为什么？问题看清楚了，问题的原因何在？我并没有在员工自身方面过多地去找原因，而是从企业高管那方面

○ **黎明现企业**

> 很多老板忙起来就抱怨，真想把那些不大不小的事情的权限都授出去，但又怕授出去收不回来。再者，权力这个东西感觉很好，总能得到请示汇报，那样的情景很享受，舍不得。因此，很多授权都是犹犹豫豫、笼笼统统、似是而非的。

去查原因。

第一个原因是员工的薪酬问题。员工的工资不算低，略高于当地社会平均水平，看来问题不在高低上。基层员工与企业除了干一天拿一天的工资，其他方面没有更多联系，关系单一脆弱。高层的薪酬叫年薪，实际上并没有年薪的激励与约束关系，按月平均发，与普通员工一样存在不稳定的情况。结构比较单一，没有长期共同的捆绑，也就是没有形成利益的共同体。

第二个原因是由于企业集团的前身是分散独立经营的分公司，合并集团公司以后，形式上合并了，但内在的统一协调系统还没有完善，管理制度不少，内在流程不顺，貌合神离。

第三个原因是企业发展太快，各路人马从四面八方过来，管理背景、文化背景差异较大，企业自身的管理体制文化不够成熟完善，认识差异比较大。

此外，我还从行政后勤、人力资源、财务体制、生产销售等主要环节方面分析了原因。可以说，形成当前的局面是由综合因素造成的。

在这么多原因里，我作了进一步的比较、分析、筛选。我的结论是，员工利益问题是关键的首要的问题，这也是解决问题的要害所在。

第三步，动起来怎么办？问题看清楚了，主要原因找到了，行动方案则顺理成章。

　　行动方案无非就是针对问题提出的解决办法。我与管理团队的同事们逐项研究措施，最后制订了《莲花公司员工激励机制综合方案》。这是一个系统的方案，主要包括员工层级管理、薪酬管理、期权期股管理、车辆购买补助使用管理、住房管理办法等系列方案。针对基层、中层、高层员工的不同需求，设置近期、中期、远期权责利目标。

　　后来，在推行以上方案及后续相关的工作计划中，过程比较顺畅，结果上下也比较满意，员工的利益与公司的目标捆绑在一起，员工的干劲有了，管理者与被管理者的矛盾减少了。员工得到实惠，有了希望，努力工作，争取进步，员工对企业的管理制度有了敬畏感。企业管理的主动权逐步得到加强。

　　从结果上看，这项工作效果表现在第三步上，基础却在前两步：看清楚、想明白。没有前两步，就迈不开第三步。

全程须监控

　　只要结果不要过程的结果是，很多事情得不到实时监控，路途往往是黑的，在没有结果之前可能就夭折在半路上。毋庸置疑，这

○ 黎明观企业

　　上级的手究竟应该伸多长？我有个土办法不妨一试：手伸出去能够得着，而且指头还能使上劲，此外剩下的权力统统都交给下级吧。

个过程是需要全程监督的。过程监督有三个问题值得探讨。

第一，监督从什么时间开始？照我说，应该从开始处开始，从结束处结束。这话听上去像是句废话，实际上是在强调监督一件事情的全过程。之所以这样强调，是因为现实中这些问题常常被忽略了。

比如，事前事中不监督，到了事后才监督的问题。我们不少企业和机关总在强调事后监督，我认为这是个极大的误区，简单从字面上看就知道问题所在了。事后，对于已经形成的事实还监督什么？监督只是一句漂亮的空话。

在我看来，凡事一般分"事前""事中""事后"三个阶段，从道理上讲，管理最重要的是事前的防范；监督的重点应在事中，在事情过程的每个环节中；事后主要在于检查、总结、补救，为下一个事前预防做制度措施方面的准备。

现实生活工作中，事后监督所带来的伤害比比皆是。事后监督，在我看来实际上是滞后监督，有时候还起反作用。事后监督，如同在给事故留通道。很多投机者就钻这个空子，在事前、事中做了大量的手脚，将自己的私利都满足了，并且有充分的时间、充足的余地进行推脱抵赖，甚至是一走了之，你干瞪眼拿他没有办法。

同时，现实生活工作中还存在着事前监督、事中事后不监督的问题。以招标为例，事前监督了，各路人马都来了，标书定了，就进入具体部门操作，监督就撤退了，事中自然成

了空挡，事后更是无人问津。招标是系列过程，标书只是最初的第一步，后面的执行实施、分段验收、竣工付款、质量保障等链条很长，可惜很多招标会开完，项目就放单飞了，出问题是必然的，不出问题是幸运的。

第二，监察部门的位置在哪里？现在民营企业都比较重视监督监察，一般机关里都设有监察部。监察监督者的位置理所应当站在被监督对象的对面，独立观察，及时发现问题、报告问题、解决问题。

现实中常见的问题是，监察部设置对了，但位置站错了，他们很热闹地钻进对面的队伍里，与被监督对象携手共进。同样以招标为例，监察部的人充当招标小组成员，看上去招标很公开，监察部的人都在，实际上从监察部的人一进招标小组开始，他的监督权就被自动剥夺了。道理很简单，这里面有你的一票，你本身是裁判你不当，你当了运动员就没资格吹哨子了。后来发现问题了，其他人会首先说，当初监察部都同意了，监察者的嘴一下子就被堵上了。

我的解决方案很简单，监督者回到自己的岗位上，站到被监督者的对面去。

第三，舆论监督到什么程度？在民营企业里，舆论监督是必

○ **黎明观企业**

> 情景联想：1.吃饭，自己端着碗，筷子在别人小碗里挑；2.睡觉，自己的床空着，跑到别人的床上睡。3.打电话，自己的手机闲着，总用别人的手机。如果是这样，那该多别扭？

要的，但也应该适度。企业内部舆论监督与社会舆论监督有所不同，其中最大的不同在于企业员工都是利益直接相关者，利益驱使多数人只会站在自己的角度去看问题，去发表言论。员工的层级不同，利益目标不同，思考问题的方式和文化程度不同，差异比较大，就会产生很多个别的、极端的意见，这些意见有合理的一面，但不足以代表员工的普遍心声及企业的全局利益。

员工的呼声需要听，但不能全听，更不能听风就是雨，听听看看想想再说。好的多数的有价值的意见，应该是通过公开主渠道形成的。这方面的度若掌握不当，小道消息可能会大行其道，决策者、管理者可能就会被纠缠进去。

结果只是过程的最后一个环节

"只要结果不要过程"是有前提的。前提是企业组织架构、业务流程很合理、很完善，任何一件事情都按这个完整的流程行进，并能得到人财物的充分保障。也就是说，事情的过程已经程序化地安排好了，路都给你修好了，怎么走、走多快是你自己的事，我只要看你最后什么时间到达终点这样一个结果。执行者不需要讲过程，只需要讲结果。

如果我们的企业目前还不具备这样的条件，领导者只是一味强调结果，在我看来，那就是在推责任。

一个人即使做一个最简单的动作，至少要经过判断、指令、动作这几个阶段。也就是说，在动作之前肯定有几个环节是按照一定的顺序为行动做准备的，行动只是这一系列环节中的最后一个环节。只是有的环节进行速度很快，往往被忽视其存在。实际上各个环节不存在有没有的问题，只存在运转速度快慢问题。

简单的一个动作尚且如此，企业管理面对不断变化着的复杂事情，环节会更多，上一环必须要紧扣下一环，更要做到环环相扣，少一环就可能掉链子。如果说一项成熟的企业管理从过程到结果一共有五个环节，结果只是第五个环节而已，前四个环节都是整个结果的生产生成部分。没有前四个环节就不可能产生第五个环节上的结果。在这里，过程比结果更重要。我们的管理者更应该对前四个环节投入更多的精力、物力、财力。

当然，我这里并不是提倡大家在任何时候都四平八稳，面对什么事情都坐在那里先想，油瓶子倒了都不扶。企业直面瞬息万变的市场，必须要有当断则断的机智与勇气，但那是对在非常规的条件下的情况处置。我讲的这些环境条件是按常规设置的，毕竟我们大部分时间要处理的是日常工作。

○ 黎明观企业 ─────────────────────

市场看不见的手与政府看得见的手一直在掰手腕，现在多数人的看法是两只手一只也不能少。计委也许就不该撤，我看现在物价、房价问题，都与事前的计划不周不全有关。市场经济与计划管理从来就不矛盾。只有当计划不成为管理工具，而成为权力的道具时，计划，才可能又一次变质变味。

188

对于决策者、管理者来说，是用脑子的，手脚并不需要太快。行动力强不代表就可以随意违反决策顺序大干快上。什么事都要想好了再干也不迟，差什么都不该差这一点儿时间的。

素质篇

让机关动起来

人人都是管理者

管理像影子——跟随着你——人人都要接受管理——包括董事长——谁管谁呀？——石头剪子布——自我约束才是最完善的管理——做管理的主人公

　　"人人都是管理者"，想要表达的意思有三层。第一层意思是说，我们每个人都是管理者，包括一名车间班组的操作工；第二层意思是说，我们每个人同时也是被管理者，包括企业的董事长；第三层意思是说，管理这个东西，与我们每个人密切相关，躲不开、离不去，与其被动接受管理，不如主动参与管理，做管理的主人公。

○ 黎明现企业

　　我们的高管人员应该清楚该管什么，还应该明白不该管什么，更应该放手那些属于下级的事情。不能想管什么就管什么，不能对什么感兴趣就管什么，不能擅长什么就管什么，不能什么有利自己就去管什么。

我这篇文章强调的是人人都是管理者，人人同时又是被管理者。当我们明白自己的双重身份后，才会感受到管理的分量，从而自觉自愿地用心学管理、用管理，丰富管理的修养，才能主动接受并配合别人的管理。我们的管理者通常管理别人的意识都很强，但主动接受别人管理的意识却很弱。其实，管别人和被别人管，都与权力、面子、荣誉无关，而与个人的管理素质及企业的管理效率有关。我想说，管理是一件有趣的事情，领导放下架子，员工丢掉顾虑，大家平等参与进来，管理的效率很可能会出人意料。

管理像影子

管理，本身是一门科学，但一点也不神秘，它是和我们生活工作在一起的亲密伙伴。我们每个人每天都在从事着与管理相关的工作，琢磨一下管理的门道有益处、有意思。

在家庭，老人、老婆、孩子需要管理；在公司，上下级、同事、客户关系需要管理；在社会，朋友、熟人关系都需要管理。一个小餐厅里，采购、后厨、收款、服务都是管理的基本内容；一个大酒店内，前厅、客房、餐厅、酒吧、歌舞厅组成了一条管理链；小区的物业管理天天伴着我们的生活；我们开车上路，就要听从警察的指挥；飞机到了天上，还要接受航空管制，并不可以自由飞翔。

在现代法人治理企业结构中，企业里职位再高的人往上也有约束你的上线，董事长就需要服从董事会的决议；工作职位再低的人往下也会有被你管的下线，打扫卫生的服务人员对废品收购者也能行使一定的管理权限。对于车间炉前操作岗位上的人来说，其操作过程其实也是一种管理的过程，需要对工作的目标、使用的工具、工艺的时机等要素进行统筹处理。因此，在同一岗位上工作的人，其工作效率和结果是不一样的，这实际上是个人管理能力差异的体现。从这个角度看，在企业里，人人都是管理者。

在我们企业内部，从总部到各个公司，到分厂、部门、车间、班组，从一张纸的领用到产品生产、销售、回款，更是从头到脚被一块块管理的小网格包裹着。细想想，无论你走到哪里，不是你去管别人，就是被别人管——管理，就像你的影子一样。

人人都是被管理者

从上面的内容中，我们可以看出，人人都是管理者。这样是不是就产生了一个问题，人人都是管理者了，都去管谁呢？这正是我下面要强调的另一面，人人又都是被管理者，人人都需要接受管理。

○ 黎明观企业

曾经的计划在20世纪七八十年代统治着国民经济与人民生活，不要说国家生产计划，就连个人生活国家也给完全计划了：肉票、粮票、烟票、酒票、糖票、自行车票、缝纫机票、手表票，在我的记忆里几乎找不见无计划票证的生活品种。

在企业里，董事长是当然的老大，老大是当然的最高管理者，这些问题都不用探讨。我觉得有必要探讨的问题是，老大是不是被管理者？他需不需要接受管理？他归谁来管？你若把这些问题问到每个董事长的脸上，他会说，我接受股东大会、董事会的管理，我服从集体决议。说是这样说的，其实，我看到能做到的董事长并不多。其中一个主因是股东大会、董事会本身就是一人说了算的空壳，这是多数企业的现实与事实。头上没人管了，往下就更没有力量能够管束董事长的行为。这样的结果是，老大只管别人，不管自己，没有人能管住他。于是，在企业里，从头上就出现了一个单向的管理者。这样类推下去，在高级管理团队里，逃避被管理成为一种本能及链条，其管理效率由此大打折扣。

出现这个问题很复杂，要想解决这个问题并不复杂。因为问题的双方都是一个方面，董事长若在意识方面有解决问题的动机，就有权力、有能力去逐步解决。董事长理应也是被管理者，外部需要接受国家的法律法规监管，理所应当，内部也要受真正的股东大会、董事会的管理，还要遵守自己制定的制度，才能身正、言正、行正。如果股东大会、董事会管不住董事长，那肯定是董事长出了毛病。所以，我建议企业里的老大们，修正这个问题近处要从自身做起，干好管理者的工作同时主动接受被管理；从远处着想，逐步把董事会武装得比自己还强大，你这个企业才可能更强更大。

▚ 谁管谁呀？

　　谁管谁？谁能管住谁？谁能不被谁管住？往往是管理双方在暗中较劲的问题。其实，没那么严肃，我们小时候玩的"石头、剪子、布"的游戏，早就轻松地说明了谁管谁的道理。

　　我们小的时候，父母是管理者，我们是被管理者；我们长大了，父母变老了，家庭管理的角色逐步换位了，最后子女成为管理者，父母成为被管理者。机场的安检人员一般都是普通的工作人员，接受检查的人无论你是富翁还是高官，都要按他的要求去做，这个时候，安检员就是管理者，接受检查者就是被管理者。企业的老总在自己的公司是最高领导，员工都归他管，可是到了别人企业的门口，门卫若不允许，他就是进不了门；到了国家机关，一个办事员也可能把他指挥得跑上跑下。

　　我在企业里工作，按照岗位职责，我管了不少人和事，同时不少人和事也得管我：吃饭排队要交票，到车间要戴安全帽，外出要请假，事情要商量，关系要协调，求人办事该低头就低头，该哈腰就哈腰，早晨还要听值班长指挥做广播操——谁管谁自有道理，谁管谁不是比高低，谁都可能管住谁。

○ 黎明现企业

　　　　不少企业家在日常的生产经营管理中，更注重管理者的个人经验与习惯，缺乏事前的周密计划，大量的工作耗费在擦屁股补漏洞上，很多工作都是晃晃悠悠的，而不是稳稳当当走过来。

与之相关的另一个问题在企业里也不轻松：企业是谁的？是老板的，是大股东的，是高管的，依我看都不是。企业真正是社会的，企业是社会搭建起来的载体。我们是社会的一分子，当我们今天在这个企业里工作时，具体到这一天、这一件事，谁管事谁就是主人。对于"主人"一词，我们的感受不必那么敏感，我们的认识也不需要那么庄重，我们可以理解得宽泛一些：主事人、主办人、主要人、主权人，等等，中国的文化厚重，怎么讲，文法、理法都是通的。

自我约束才是最完善的管理

　　人人都是管理者，人人懂管理，逐步实现自我管理。自我管理是无处不在的管理，是存在于管理不能涉及到的很多角角落落，如宗教的感化。

　　我稍有所了解的佛教，从大的方面说，是探究宇宙、人生、自然规律的大文化；从小处说，具体到每个人、每个信众，重要的收获是内心的明白与宁静，自己给自己划出了界限，哪些事能做，哪些事不能做。它引导人们无论是在白天黑夜，别人看见或别人看不见，在单位还是在家里，在公共场合还是在野外一人，做事的准则都应该是一样的。

　　比如我对扔垃圾这样的事，就是经历了一个自我认识、提高的过程。第一阶段，别人看得见。每个人都知道垃圾是要进

让机关动起来

入垃圾站的，走在大街上，手上的垃圾不能随处扔，要找到垃圾箱以后再投放。即使没有垃圾站，也应该到大家约定的、合适的地方投放。但出外在没有垃圾站的地方，认为随手扔个废纸、小东西是正常的。

到了第二阶段，别人看不见。以上行为是在别人看得见的情况下进行的，可我们的生活大部分时间是独处的、别人看不见的，在这个时候，人的自我约束能力最低。晚上走在马路边，无意间随口吐痰，不经意随手向绿化带扔一张小包装废纸都有可能。我经常做完以后便有些后悔，但迅速原谅自己，那么小的东西谁也看不见，也不影响、伤害谁，下次注意就是了，可下次又可能重复犯这样的小错误。

进入第三阶段，自己看得见。实际上，别人看见也罢，看不见也罢，小毛病，别人拿你没办法。自己的眼睛看见才看得清，自己的心看见才看得透，看清看透自然就知道该怎么去做。我在大街上、公共场合、其他公司里，对于手上的一小块废纸，我会用一个最简单的方法来处理：在自己家怎么办就怎么办。细想想，真正做到这一点不费事，但这个认识过程并不短。

很多时候，别人看不见，监控器看不见，可是自己能看见，自

○ 黎明现企业

　　总结的功能本来就是为今后工作扬长避短做准备的，但遗憾的是被偷换概念了，在总结时使劲宣扬自己的工作所长，极力逃避自己的工作之短，给今后的工作掏了个越来越大的洞。

己时时处处都能看见自己。如果，我们每个人都能把公共场合当成自己的家一样去爱护，那么，十字路口、马路边戴红袖标的大妈大叔就会少了许多。整体的社会文明是要靠个人文明来构筑的，这一点，在西方发达国家的确表现得更明显一些。

生活中自己约束自己是最全面的约束，同理，在企业里自己管理自己也是最有效的管理。现实中多数企业的实际情况是，管理更注重外力的管束，尤其是人力的管束，所谓传统的上级管下级的方法，结果往往不尽如人意。因为有太多的小问题是任何高明的管理体系顾不上、管不到的。

比如说，工厂的道路上有一个螺帽，该谁去捡、谁捡了会怎样、不捡又会怎样？卫生间用后冲不冲水，水龙头关得严不关严，洗手时水量大小、时间长短，随手关不关灯？看到一扇窗户不稳有可能掉下来，说还是不说，管还是不管？司机开公司的车办事，哪条路最经济？员工用电脑私人聊不聊天？这些事情在任何管理严密的企业里都很难全面、有效顾及到。

这些问题小不小？不大也不小。这些问题需不需要管？需要管。怎样管？有形的问题要靠无形的意识去自我自觉自愿解决。每个人境界意识的高低是个人素质积累的结果。从企业管理角度出发，对于类似问题的解决方案，我在其他文章里反复推介：企业用心对员工，员工就会用心回报；企业给员工一个家，员工就会把企业当成家去爱护，就可能会自觉去弯腰捡起道路上的那个螺帽，去随手关掉流水的龙头。

‖‖. 做管理的主人公

学管理的目的不仅仅在于学会管别人，重要的还在于学会主动接受别人的管理。因为对于我们大多数人来说，管别人的时间少，接受别人管理的时间要多。

我们每个人不是在这个企业就是在那个企业工作，但不论是在哪个企业，自己的认识、心态、行为往往决定着你到底是主角还是配角，你是主人还是打工的。

当你的上司（管理者）将一件具体工作交办给你（被管理者）的时候，就说明上司认为你具有对这件事情的管理能力，实际上是让你去充当管理者的角色。如果你以一个管理者的心态去处理事情，就会产生主动的愿望和积极有效的方法及良好的结果。相反，如果你还是以一个被管理者（打工）的心态去处理这件事情，肯定是被动的，往往只有较长的时间过程，而很难产生有效的最终结果。

时间久了，被动就成为你工作的常态，你的主动权会一点一点地丧失，你的上升通道会越变越窄，很多进步的机会在自己的手上被弄丢了。那么，你或许真的就只能处在被管理者的位置上长期打

○ 黎明观企业 ─────────────────

尽管当前我们在电视上经常看到西方经济社会问题还很多，一方面说明其存在问题，一方面这些问题连我们都知道了，说明人家那个社会就没有多大的问题，这是民主文化的结果。

工了。从这个角度看，每个人在处理每件事上，是一个管理者还是被管理者，是主人还是打工，不是企业或上司给你规定好的，而是你自己最初的认识与后来的行为就已经设定好了。

我们可以不为企业负责，但一定要为自己负责，为自己做主，不论身处哪个企业，都要以主人的心态看待工作，以主人的姿态对待工作，以一个主动的管理者的身份去做好每件事。这样就会慢慢地培养起自己主人的意识、管理者的习惯及成功者的能力，时间久了，就有机会去把握机会、创造机会，做自己想做的事情，做自己人生的主人公。

如果，员工都能视企业如自家，那应该是达到企业管理的最高层次了吧！如果，人人都成为管理者，那应该是发挥企业管理的最高水平了吧！

轻松一下，倒过来试试：

一个年轻画家去拜访德国著名画家门采尔，诉苦说："我真不明白，为什么我画一幅画，只要一天功夫；可是卖掉它，却要等上整整一年。"

门采尔认真地说："请倒过来试试。如果你花一年时间去画，那么只用一天，就准能卖掉它。"

后记　坚守本性自我

　　一种感觉、一种经验、一种责任促成我的一种观点：民营企业若不坚持自我个性，若不保持创业初期的淳朴实在，若不建立自己的管理架构，就会逐步失去自己的家园。

　　民营企业要生存、要发展，就要坚守自我。我的言下之意就是说，我们的民营企业并没有坚守住自我，把个生龙活虎的民营企业搞得像个软绵绵的病猫，察言观色跟在人家国营企业后面亦步亦趋。

　　民营企业没条件坚守自我。种种迹象表明，国营企业快升级为"大叔"了，今后也不排除当"大爷"的可能。国营企业的行政化管理占市场主导，进而直接影响民营企业的管理模式。

在"国进民退"的大趋势下,民营企业的特长优势在减弱,国营行政机关病在蔓延,民营企业酷似国营企业,国营企业如同行政机关,各自的影子都模糊了。

民营企业没意识坚守自我。每一个成功的民营企业,背后都有自己独有的一套,每一套都有极其珍贵的创新价值。但当企业稍微大一点、走进社会大舞台时,为了迎合多数观众的口味,便开始模仿大企业、国营企业、机关的做派,开始慢慢丢掉自我。结果,别人的东西没学好,自己的东西也不见了。

民营企业没信心坚守自我。面对越来越强大的公共权力,国营企业的巨无霸,民营企业自认不是对手,只能跟在老大的后面哼哼几声。坚守自我的成本太大,市场上充斥着明明白白的"潜规则",你不做有人做,你不掏钱有人掏钱。好汉不吃眼前亏,随大流该走的路不想走也得走,有生意做一把是一把,赚一点是一点,结果发现自己的底线消失了。

我的书名就是我直接的强烈的观点:企业不摆官架子,要坚持自己的做法,要坚持自己有个性的做法,要坚持对企业长远发展有价值的做法。我们的民营企业家应该把大部分精力放在内部的组织结构体制、竞争激励约束机制、管理素质积累提高等方面。想走远路,想登高处,想实现人生超越的价值,就要把脸面的事再放淡些。尽管面子大了,有可能银行多贷一些款,政府多补一些钱,但终

不是持续发展之本。

我们国家改革开放三十多年，主要的任务就是将企业从计划经济推向市场经济，才刚刚走出一小步，现在若"国进民退"的速度过快，退回去可能暂时看上去安全了，实际上从长远看则更不安全。

中国改革开放三十多年的成功之处在于，坚守了自己的核心价值，学了别人但没有跟着别人走，开始是美国的也学，欧洲的也学，日本的也学，最后最成功的、最有价值的还是中国自己的。由此，我们民营企业更要有信心，要存活，要活下去，要活得时间长，要活得质量高，要活出个有模有样，就要坚守自己的本性、本命、本我。